为何偏偏你单身

何美鸿·著

大龄女青年婚恋指南

当代世界出版社
THE CONTEMPORARY WORLD PRESS

图书在版编目（CIP）数据

为何偏偏你单身：大龄女青年婚恋指南 / 何美鸿著
. -- 北京：当代世界出版社，2017.7
ISBN 978-7-5090-1237-6

Ⅰ．①为… Ⅱ．①何… Ⅲ．①婚姻－通俗读物②恋爱－通俗读物 Ⅳ．①C913.1-49

中国版本图书馆CIP数据核字（2017）第163017号

书　　名：	为何偏偏你单身：大龄女青年婚恋指南
出版发行：	当代世界出版社
地　　址：	北京市复兴路4号（100860）
网　　址：	http://www.worldpress.com.cn
编务电话：	（010）83907332
发行电话：	（010）83908409
	（010）83908455
	（010）83908377
	（010）83908423（邮购）
	（010）83908410（传真）
经　　销：	全国新华书店
印　　刷：	三河市兴国印务有限公司
开　　本：	889毫米×1194毫米　1/32
印　　张：	7.5
字　　数：	160千字
版　　次：	2018年1月第1版
印　　次：	2018年1月第1次
书　　号：	ISBN 978-7-5090-1237-6
定　　价：	39.80元

如发现印装质量问题，请与承印厂联系调换。
版权所有，翻印必究；未经许可，不得转载！

前言

如今是个经济飞速发展、社会观念多元化的时代,社会风向的变化总会在不知不觉中影响甚至改变人们的心态和价值观。

在详述本书中的案例前,也许有必要先简述以下众所周知的婚姻。

"婚姻"源自"男以昏时迎女,女因男而来"的古代习俗,说白了就是男大当婚女大当嫁。最早的原始人是没有婚姻观念的,人类是在后来的生产生活的逐步进化过程中,为了防止族群的乱伦和退化,才逐渐产生了婚姻制度。因此可见,婚姻是人类社

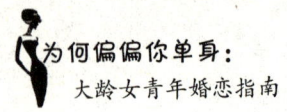

会迈向文明的一种标志。

中国几千年的婚姻制度由一夫多妻演变到一夫一妻,由女性是男人的附属物演变到男女各自独立,这是社会文明的巨大进步,更是女性社会地位日益提高、获得真正解放的重要标志。

但问题来了,在女性地位日益提高、女性权益得到保护的今天,晚婚甚至不婚的女性朋友越来越多。本书选取了具有代表性的,不同性格的大龄女性不嫁的案例,从她们各自的家庭背景和心理特征等因素,分析了其深层的原因。

基于我本人也是一位已奔不惑之年的女性,站在女性的视角,我想自己也许对她们有着充分的理解。当然,理解并不代表赞同和主张她们不婚的行为。主动选择不婚的女性,多半是源于对爱情的过高信

前言

仰而造成了对婚姻的恐惧。很多大龄单身女青年简单地把激情混淆为爱情了。爱情里确实有激情的成分，但远比激情的定义更宽广更包容，真正的爱情是兼具亲情和激情的。

婚姻果真如有些人所言是爱情的坟墓吗？其实未必。当然婚姻也并非就是天堂，婚姻就在人间，它只是一种实实在在的居家生活，生活质量的好坏需要男女双方共同经营。

"激情最终消磨殆尽，是同居和婚姻的共同走向。爱情因激情的磨灭而变淡，而激情消逝后，男女之间磨合出的亲情会继续稳固婚姻"。一桩美满稳固婚姻的完成就是两个人由最初的激情转变成亲情和恩情的过程。由激情完成婚姻里亲情和恩情的转换，这件事说难也难，说容易也容易。有

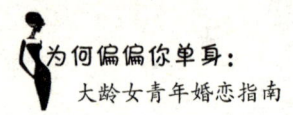

句话:"没有不幸的婚姻,只有不幸的夫妻。"夫妻各自的性格和观念极大地影响着两人婚姻的质量,就像人的成长与品质的完善是个长期的、不断的修养过程,夫妻二人的婚姻也是一个需长期打磨和不断完善的过程。而"宽容""理解"这些老掉牙的词汇,从来都是完善婚姻生活的不二法宝。

也许,对于那些大龄单身女性朋友,在这里提及"完善婚姻"似乎有点为时尚早。其实,明白了婚姻的真谛,消除了婚姻中因琐碎枯燥的生活而带来的恐惧,女性朋友们才能以更积极的态度将心力倾注于婚姻大事中来。

本书列举的多名具有典型特征的不婚女性中,绝大多数都是抱持着"女大当嫁"的观念的,只是由于这样那样的缘

前言

由，或因工作忙碌，或因苛求完美，或因遇人不淑，或因物欲横流导致拜金思想的作祟，到最后，那个要等的人不是早已擦肩而过，就是始终不见到来，不知不觉就把自己落单成了大龄女青年。

这些女性朋友，几乎都有苛求完美或过于憧憬爱情的问题。当我们明白了婚姻是怎么回事，明白了婚姻的完美不是靠等到一个完美对象就能赢得时，我们的心才不会过于浮躁。选择男友固然要谨慎，但应拥有一份包容的态度。

婚姻是两个有情人幸福的共享、风险的共担，而一桩美满的婚姻对男女的身心健康和性情塑造有着积极的影响。单身女性的孤独感、焦虑感尤其是不安全感，通常都要远高于已婚女性。

现代女性择偶都很强调安全感。何

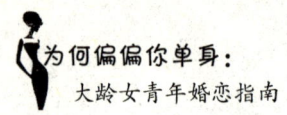

为"安"?女人有个护卫自己的家即为"安",但这个"安"绝不仅仅是从婚姻之中获得。道理似乎人人都懂,但更需要我们静下心细细品哑,懂得取舍。

愿天下有情人终成眷属!

何美鸿
2017年11月

目录

上 篇

003　爱情至上却不想步入婚姻

011　誓不嫁的独身主义者

019　只恋爱不结婚

028　美貌是一柄双刃剑

038　固化思维要不要改?

046　刁蛮任性要有度

052　自爱不等于清高自傲

060　来自父母的强烈干涉

070　性格造就结果

076　强势也要分场合

088　性格内向又争强好胜

093　守望一份三观一致的真爱

100　真假灰姑娘

下 篇

113 完美女神，可望而不可及

120 关闭了的爱情心扉

128 站在了爱情的死角里

137 一朝被蛇咬，十年怕井绳

146 阴魂不散的梦魇

157 "嫁"给了工作

165 只做周末恋人

171 长得不好看就不配有爱情吗？

178 给对方一个底线，给自己一个上限

188 不见面的网恋靠谱吗？

195 他只是把你当备胎

203 婚姻大事，拖延不起

212 财富是检验爱情的试金石吗？

222 后 记

为何偏偏你单身:
大龄女青年婚恋指南

爱情至上却不想步入婚姻

蒋子萱,常年扎着高高的马尾辫,走路时马尾辫总是随着步伐的节奏左右甩动,整个人显得阳光又朝气。

第一眼看她,你会误以为她还是个在校大学生,实际上她已是名三十好几的大龄未婚女青年。但如果你真要把她划入"剩女"的行列,又实在是委屈了她,因为蒋子萱身边一直有位名副其实的男友。蒋子萱的男友叫高建明,比她大两

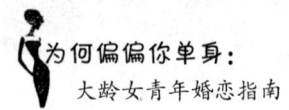

岁,头发染着时下流行的奶奶灰,身材健硕魁伟,像个运动员。

喜欢运动是他和蒋子萱的共同爱好。他俩时常穿着情侣运动装,在风和日丽晴天里相约在户外运动;喜欢爬山、游泳、跑步、远足;也喜欢听音乐,读散文与诗歌,静处居室享受无人搅扰的清静。他们仿佛是一对天生的搭档,马拉松似的恋爱进行了八年,虽然至今未婚,但彼此之间完全没有厌倦感。

蒋子萱觉得自己是个并不适合婚姻生活的人。在她看来,婚姻就意味着柴米油盐,意味着抚养、赡养、进项、支出……都是些非常枯燥无趣的事情,而生命里还有很多比婚姻更重大、更有意义、更有趣的事情尚待完成。比如去加勒比海边散步,比如去撒哈拉沙漠行走,比如攀登三山五岳,比如在陌生的城市街头游走……

也许有人会说,结婚后也可以做这些事啊。可是,真的可以吗?大多数中国女人貌似都沉浸在孩子和家庭的琐事中了吧?蒋子萱要的是不受婚姻束缚的无限期的"蜜月"。生命很短暂,她只想做个完全自我的人。

蒋子萱不愿步入婚姻,并不意味着她不需要爱情。相反,她却是个爱情至上者。生命里什么都可以没有,但唯独不能缺失爱情。在蒋子萱的理解里,爱情就是唯美、浪漫;爱情就是花前月下、海誓山盟、天崩地裂。那些于她"尚待完成的事情",其实都是因为有了爱情的支撑才变得重大而有意义。

倘若只是她自己一人,或者是跟着一群驴友做这些事,就少了很多情趣和浪漫。而相处了八年的男友,也刚好跟她是同样的爱情观,可谓志同道合。

在工作方面,蒋子萱和高建明都是自由职业者,工作性质自由,平常有大量的闲暇时间。有时高建明由于工作需要去外地出差,少则十天半个月,多则两三个月。

蒋子萱偶然兴致来时,不打招呼就悄悄买了车票跑去男友的出差地,然后出其不意地出现在他面前,玩几天又一个人折回来,颇有点"乘兴而归,兴尽而返"的意思。更多的时候,她有耐心等他回来。她觉得彼此保持一定的空间距离是非常必要的,这是稳固与保鲜爱情不可或缺的方式。

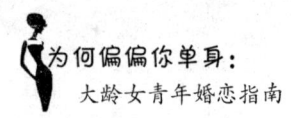

这对恋人的性情里都有点"不疯魔不成活"的特点。他们一致觉得，在一路陌生的旅途里，彼此更能相互照应、相互依赖。这也是强化与升华爱情的一种方式。

有时"疯魔"得过于频繁，他们也会暂时停歇下来，安静地在家里做饭、用餐、读书、看电影或者发呆。当内心又有新想法时，他们又会立刻起身行动。

他们想让爱情的足迹尽可能地遍布更多更远的地方；他们要让更多的山水与泥土、花草与树木，更多的城市与乡村，来见证他们浪漫的爱情。他们仿佛彼此的一面镜子，很多价值观、认知和看法都惊人的一致，甚至有时某个计划刚有初步想法，就不约而同地达成了共识。

他们不想走进婚姻生活，并不意味着他们没有想过婚姻。正是因为经过了深思熟虑，他们才对是否步入婚姻生活考虑得尤为谨慎。

蒋子萱曾听有人说："婚姻就是一个乐天派的女人嫁给一个乐天派的男人，最后变成两个悲观论者。"比如台湾那对知名恋人李敖与胡因梦的婚姻就维持了不到三个月便离

上 篇

婚了。

李敖曾说:"我是个完美主义者,有一天,我无意推开没有反锁的卫生间的门,见蹲在马桶上的她因为便秘憋得满脸通红,实在太不堪了。"

胡因梦则说:"我期待他的人格伟大到一个程度,甚至可以拯救很多的小老百姓。跟他深入地交往之后我发现,其实每个人都是平凡的。"

同一屋檐下,没有美女,也没有英雄。"距离产生美"是爱情的格言,可是进入了婚姻生活,这种距离难免就会消灭,彼此一些隐形的缺点陋习就会慢慢暴露出来,甚至在对方眼里被无形放大。

尽管他们相恋了八年,各自早已谙识了对方的缺点与陋习,但因为比真正夫妻相处更有空间距离,也因为不涉及双方家庭成员,所以相处得更自由、更理想。

蒋子萱担心若自己真嫁给了高建明,她与高建明那保鲜多年的爱情很可能被没有间隙的婚姻生活逼入死角。彼此将被拴上无形的链子,被柴米油盐禁锢,被琐碎细故套牢。经

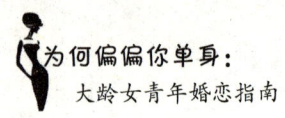
为何偏偏你单身：
大龄女青年婚恋指南

济收入的高低，家务劳动付出的多少……那许许多多在他们的爱情里根本不存在的问题，都将在婚姻里纤毫毕现。

如果爱情是夜晚灯光下的美景，那婚姻就是白昼里打回到了本质的原形。

蒋子萱宁可不要那样的婚姻，宁可不要活得那么实际。爱情本是很脆弱的东西，她只想在自己未沉于俗世的时候，小心翼翼地守护着它。如果可能，她想将爱情进行到底，她想让彼此都做一只自由飞翔的鸟。

脱单攻略：

恋爱是一种个人行为，只要彼此喜欢、愿意就可以，与其他人不相干；而结婚是一种社会行为，不光是彼此相爱的问题，还要跟对方的家人和睦相处、承担一些必须的责任等。这是恋爱和结婚的最本质区别。

可是要想把这两种行为合二为一，实在是很难办到。将爱情进行到底，只恋爱不结婚，不过是恋人的美好憧憬。就像四季有更迭一样，爱到足够长的岁月时，最初热烈的激情终会被平淡的亲情所取代，这也是正常的人性。当彼此的心都逐渐沉静下来，渴望安定并走向婚姻便是水到渠成的事情了。

为何偏偏你单身：大龄女青年婚恋指南

誓不嫁的独身主义者

十多年过去了,二十多岁便只身一人从湖北老家来到广东打拼的程紫萱,算是在异地扎下了根。她凭借一己之力从小公司的普通文员蜕变成一家大规模公司的业务经理,并在繁华市区买了车买了房,摇身变为"金领"一族。

十多年的生活磨砺,让程紫萱磨去了当初花季少女时的青涩懵懂,成了一名精明干练的大龄女青年。

可谁也不曾想,早已跻身大龄未婚女青年行列的程紫萱

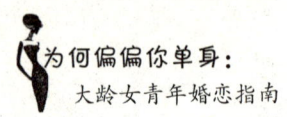

却是一个独身主义者。独身的念头,似乎在她尚未走出校园象牙塔的时候就悄然形成了。

那时同宿舍的姐妹们每每聊起将来另一半的话题时,程紫萱就用斩钉截铁地语气誓言此生不嫁,坚决的样子总会引起她们不以为然的哄笑。直到前两年的同学聚会,都已为人父为人母的同学齐聚一起时,才发现程紫萱果然还是单身。

已经36岁的程紫萱,在一路打拼过来的职场中受过多少挫折,吃过多少苦,她自己也数不清。但每次面对工作中的困难,她从未胆怯过、退缩过。然而,对于未曾踏入的婚姻,她却一直有种无端的恐惧感。

她觉得自己根本无法接受婚后身份的转变,她也不知道将来要如何应对两个家庭的相处和矛盾。她固执地认为,一旦结婚就等于无形中给自己背上了一个沉重的枷锁。生儿育女,照顾丈夫和长辈,没完没了的操心,那从来就不是她想要的生活。倘若如此,还不如选择独身,一个人落得轻松自在。

程紫萱一直都未曾想过要步入婚姻生活,她的全部精力都投入到了她的工作当中,就这样,不知不觉中便进入了大龄未婚女青年的行列。

程紫萱犹记得闺蜜陈晓玲生孩子后去她家看望时的情形。门刚打开,一股刺鼻的婴儿纸尿片的味道便迎面扑来。客厅的电视里正播放着儿童早教节目,但闺蜜根本无暇坐下来欣赏。餐桌上乱堆着奶粉、奶瓶、茶叶、茶杯。脏的床单、枕套,还有一大堆来不及清洗的孩子的衣裤、老公的衣裤,都凌乱地堆在阳台上的洗衣机旁。

闺蜜穿着松松垮垮的睡衣,绾着松松垮垮的发髻,边做着家务边与程紫萱闲聊。每一句闲聊里,几乎都是孩子、老公、婆婆、公公。她说,孩子总是半夜醒来不停哭闹,即使她有多困倦也必须马上爬起身给孩子喂奶,哄她入睡;而老公却在孩子的哭闹声里鼾声如雷;婆婆为人精明,与自己的关系总有点面和心不和的感觉……

可是曾几何时,程紫萱心目中的陈晓玲还是一个对爱情和前程充满无限遐思的浪漫女孩。而此刻,她看到的却是一个被俗世烟火熏染的家庭主妇。

告辞出门的时候,她内心感慨万千。倘若将自己置于这

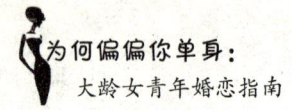

样的婚姻生活中,简直无法想象会是怎样的感受和情形。程紫萱觉得自己根本无从面对婚后柴米油盐的日子。

现在的程紫萱每天都享受着单身的自由,业余时间想去哪就去哪,想干吗就干吗,兴致来时还会开车去特色餐厅点几个好菜,美美地吃上一顿大餐,有时则一人窝在家里边玩手机边煮营养粥。

如果自己也步入了婚姻的围城,就不得不像陈晓玲那样,将每月的开支精打细算:多少的开支用于柴米油盐,多少的开支用于孩子的奶粉、老公的烟酒,剩余多少又用作家庭存款……而其中能用于自己个人消费的,怕是要犹豫了再犹豫了。当然还远不止这些,还得用一部分开支给男方家数不清的亲戚发结婚贺礼、满月礼、寿礼……

程紫萱是个喜欢清静的人,不喜欢那么多的繁文缛节。而一旦结婚,逢年过节就免不了有这样那样的应酬,不得不接待男方家那些多得数不过来、称谓喊不过来的七大姑八大姨,不得不和那些不相熟的亲戚寒暄客套。她甚至觉得按照习俗每年除夕在男方家里过,却不能陪伴自己的父母,是一种不公平。

这一切都令程紫萱细思极恐。

再想想闺蜜家那大堆的碗筷,大盆的衣服,经常在卧室床底下或客厅桌椅边发现的臭袜子,那卫生间难闻的怪味和马桶上可能留有的尿渍……这全然不是程紫萱想要的生活。

某个段子说得非常形象,说结了婚的女人"生命是厨房的;收入是商场的;奖金是化妆品的;财产是没有的;成绩是上司的;身体是男人的;只有雀斑和皱纹是自己的。"

原来从单身到结婚,就是把一个自在优雅的女人锻炼成一个厨子、一个洗碗工、一个洗衣工、一个保洁员的过程,把一个浪漫和充满诗意的文艺女青年摧毁成一个实用的、充满烟火味的女人的过程。

现在每逢节假日有余暇,程紫萱就会驱车回到湖北老家看望年事渐高的父母。因她一直单身,父母也会偶尔数落她,程紫萱一直当作耳边风。久了,父母也懒得唠叨了。看着女儿的生活状态还不错,父母也只好尊重她的选择。

单身的时间与摆脱单身的自我动力值成反比,单得越

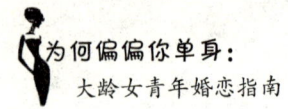
为何偏偏你单身：
大龄女青年婚恋指南

久,越容易沉溺其中。特别对于当下大都市中的优秀女士,在外,面临僧多粥少的现状,找个好男人越来越不容易;在内,学识渊博兴趣广泛的她,太容易把日子过得丰富多彩。

每个人都会对自己的生活最负责。甲之蜜糖,乙之砒霜。单身界和结婚界有不同的规则,重要的是,你是否真正在这样的生活中感受到乐趣,并深深享受其中?

脱单攻略：

我其实是不建议女性选择独身主义的。从医学角度来看，大多数单身女性比同龄已婚女性更易衰老；从自身感受来说，单身女性年龄越大，孤独感就越加强。

人其实是很脆弱的，人在一生中会遇到种种困苦磨难，包括病魔，很多"强人"以为一切可以"自力更生"，而忽略了感情因素。但人生阅历越多的人，越能体察感情依赖的微妙作用，而这种感情依赖基础主要就是难以替代的夫妻之情、儿女之情。一个真正成熟的女人会用心思考量婚姻的利弊，决不会因为婚姻里该承担的责任和义务而以不婚来逃避。

为何偏偏你单身…
大龄女青年婚恋指南

只恋爱不结婚

王亚萱未曾料想,数年前的一次争吵,会让她之后的婚恋观彻底改变。

那次究竟是为什么争吵,多年后王亚萱屡次努力去回忆,竟怎么也想不起来了,只记得一定不是为了什么惊天动地的大事。

特殊的是,那次争吵是发生在王亚萱和刘烁领取结婚证回家的路上——尽管还未置办酒席未宴请宾朋,但"男友"

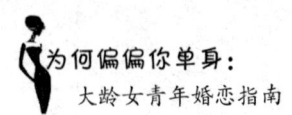

为何偏偏你单身：
大龄女青年婚恋指南

就已是真正意义上的合法丈夫了。王亚萱和刘烁去往民政局的路上时，两人还是高高兴兴的，可是领完结婚证回来的路上，就吵得不可开交了。

其实之前相恋三年多，王亚萱和刘烁之间也有过很多回争吵。每次也都没什么大不了的事，就像普通恋人之间偶尔的吵闹一样正常——这或许正是王亚萱记不起最后一次争吵的原因。她记得，那天在极度愤怒的情绪支配下，她把结婚证瞬间撕成了两半，扔在地上。

她的疯狂举动将两人的婚姻关系彻底断送了。刘烁看着被撕毁在地的结婚证沉默了一会儿，然后默默捡起来，说："我们还是离了吧。"两人二话没说，拿着撕毁的结婚证去了民政局。

工作人员抬头看了看他们，愣了一下，继而摇了摇头，甚至都没有多一句劝解两人和好的话，仿佛看惯了结婚又闪离的男男女女一样，只是用一种近乎不屑的神情给他们办理了离婚手续。

日后，王亚萱想起那天民政局工作人员不屑的神情，便

上 篇

心有余悸地不想再踏进婚姻半步。

若说王亚萱对自己撕毁结婚证的行为没有后悔是不可能的,但也只是转念之间。就比如现在,她对自己当初的行为感到庆幸,庆幸自己终究没有踏进混沌的婚姻之河。

三十二岁那年,王亚萱在与恋爱大半年的男友唐铭亮正式同居前,经过了长时间的慎重思考,他们在彼此单位的折中位置租了套房子,住在了一起。

唐铭亮每月给王亚萱足够的伙食费,每月的房租、日常购买的大件生活用品、水电费煤气费等各种开销都是两人一起支付。生活方式似乎与真正的夫妻没什么不同。除了一位闺蜜了解她的现状,他们的同事亲友对他们的同居行为毫不知情,他们也并不打算公开此事。

王亚萱的闺蜜起初是不看好他们的同居方式的:"你们这种同居行为可是不合法的。"

"有什么合法不合法的,没那么严重。我和唐铭亮均已成年,我未嫁他未娶,彼此都没有其他合法配偶,怎么就不可以生活在一起了?"

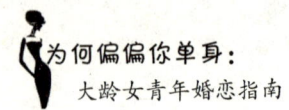

"可你们没有办理结婚证,而且也不跟双方父母公开。你们倒有点像试婚,不过试婚的人都是准夫妻,你们有结婚的打算吗?"

王亚萱说道:"我可不是奔着结婚的目的才同居的。同居就是同居,但并非违法的同居。"

"那你这同居行为至少是对婚姻严肃性的漠视,起码在世人眼里是不道德的。你就不怕别人非议吗?"

王亚萱大笑道:"开始你说不合法,这会儿又说不道德。相爱永远都是两个人之间的事,如果没有影响到其他人,我觉得谁也无权站在道德的制高点来进行苛责。再说,什么是道德?彼此受着灵魂禁锢的婚姻就道德吗?两个没有共同语言的人,为了钱财家产,为了身份地位而一起过着貌合神离的婚姻生活就道德吗?那些不是为了爱情,而是为秉持着'男大当婚女大当嫁'的传统观念,大龄了就找个人凑合过日子的婚姻就道德吗?两个人选择同居,一定是彼此性情相投,感情融洽,目的明朗纯粹,就是为爱在一起,可不像婚姻那么复杂那么世俗功利。"

"你说得好像也有道理,可毕竟同居不像婚姻受法律保障。"

"法律确实能保障夫妻双方的权益,但保障不了彼此的情感。两人一起相守最重要的莫过于情感的忠诚,而这最重要的东西既然婚姻没法给予和保障,又何必寄希望于薄薄一纸婚书?"

闺蜜道:"好吧,我说不过你,你怎么说都好像是同居有理。"

然而王亚萱与唐铭亮这段"昼同食,夜同寝"的同居生活只维持了三年。三年的时光消磨掉了他对她最初的激情,终于唐铭亮另有所爱,简单收拾了行装,匆匆搬离了他们住了三年的出租屋。一直不看好他们同居的闺蜜以为王亚萱会幡然醒悟:"你跟了他三年,没有名分,也没有精神补偿,他劈腿了说走就走。若是有婚姻的保护,他敢这么对你吗?"

王亚萱却很冷静:"如果当初我们处在一个受法律保护的婚姻里,他对我的激情就不会磨灭了吗?不然社会上哪儿

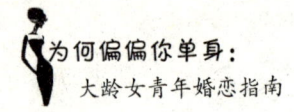

来的婚外恋?或许因婚姻里各种琐碎的事情,我们的感情葬送得更快。现在这样岂不更好?不用去民政局办理离婚,没有财产需要处理,也惊动不了彼此的亲属。他不必永远戴上王亚萱'前夫'这样的名分,我也不必受人们在我背后的指指点点。"

在王亚萱看来,相比一桩设定了条条框框的婚姻,最初一拍即合而最终又一拍即散的同居方式似乎更能给自己留有某种回旋的余地。

她不敢想象一生与一个没有了爱的人从一而终是多么可怕,她不敢想象一生锁定在一桩柴米油盐的世俗婚姻里会多么枯燥——也许,这些才是王亚萱宁愿选择同居的真正缘由。

爱过几个人,相处过几个人,多年后,四十多岁的王亚萱仍旧是孑然一身。只是即便进入这样不惑的年龄,她这种纯粹而固执的爱情观念从未动摇过。她不知道自己的真情会在哪一天斗然而来,又在哪一天戛然而止。

不确定的婚姻在这类人眼里视为畏途,而同居方式同样充满了风险变数。两相权衡之后,他们仍一如既往地坚持不婚。得与失总是并行,逃脱了婚姻里应承担的职责与义务,也就意味着放弃了婚姻里可能会保障的安全与归属感。

其实,激情最终消磨殆尽,可能会是同居和婚姻的共同走向,但同居因激情的磨灭会很快解体,而婚姻磨合出的亲情则会继续稳固爱情。

脱单攻略：

渴望爱情，又害怕婚姻，于是找了个折中的方式——同居，与相爱的人过着类婚姻的生活。同居看似正确，其实是一种消极对待感情的方式，它貌似因单纯感情而存在，却折射出恋人之间对感情走向的不确定，甚至是对婚姻生活的恐惧。

无论是同居还是婚姻，彼此间的浪漫感和心动感可能都会渐行渐淡，但有法律保障的婚姻对于感情更具积极意义。

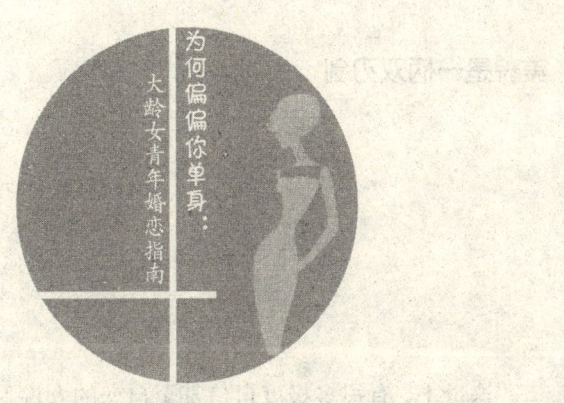

为何偏偏你单身…
大龄女青年婚恋指南

为何偏偏你单身:
大龄女青年婚恋指南

美貌是一柄双刃剑

这世上,有很多极度自信甚至自恋的女性,且不自知,周茹茵便是这样的一个人。

她那如海藻般卷曲的头发垂在腰际,腰肢如一株稚嫩树苗般纤细;恰到好处的五官配着俏丽的脸庞——二十五岁时她就是这张俏脸,三十三岁时她还是这张完全没变的俏脸,甚至到了三十六岁她的脸上还是看不到任何岁月的痕迹。外在的漂亮形象和高雅气质,让她时常保持着一种莫名

上 篇

其妙的超于常人的优越感。

多少年来,周茹茵小心翼翼地呵护着自己这张精致的脸,并以此为傲,挑剔着周边的人,包括将来她赖以托付终身的男人。

然而,那个能让她托付终身的男人却迟迟没有到来。许多年的光阴里,周茹茵对待感情问题向来是从容不迫的,是富耐心的。对待男人,她像高高在上的女王,审视着如臣子般匍匐在她脚下的那些男人。追求她的男人不算少数,且各个年龄段的人都有,有比她大十多岁的大叔型,有比她小十多岁的小伙子。

A的外表很英俊帅气,一张嘴如舌灿莲花,幽默得很。可深入接触后,才发现他的幽默不过是种油滑;B为人很真诚,待人也彬彬有礼,可是除了这些,他根本就是个沉闷木讷并且毫无情趣的人;C的家境不错,为人也慷慨大方、乐善好施,尤其对她出手阔绰,可是他俩见面才两次,男方就急不可耐地向她提出性方面的要求。

为什么就没有一个人同时兼具A的英俊、B的真诚和C

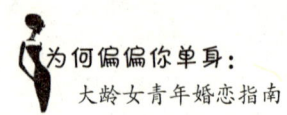

的大方呢?

你不得不承认,一个人的美貌有时就是一柄双刃剑。许多年她都是在众人的仰望里徘徊逡巡,犹疑不断。

其实周茹茵心里藏着一段不愿回首的感情经历。

那是在她读大三的时候,她迎来了一段唯美的恋情。对方是学校的广播员,周茹茵在一次校运会中为班级写通讯,把通讯稿送到广播室时,便对外表阳光、声音极富磁性的余嘉一见钟情。她至今仍能清楚地记得那陡然间心里小鹿乱撞的感觉。他转身看见她时,也愣了好一会儿才从她手里接过通讯稿。两人一见钟情。

他俩在一起后,不少私下仰慕余嘉的女生和暗恋周茹茵的男生都暗自后悔没有先下手为强。可是他俩的爱情也并非一帆风顺,总是分分合合,一度成为同学私下议论的话题。

大学毕业的时候,周茹茵和余嘉的感情几乎走到了尽头,但他们都不是轻易说放弃的人。直到毕业走向工作岗位,两人都尝试着给对方继续下去的机会。因而,当余嘉准备去北京发展的时候,周茹茵未加思考便答应同去了。

上 篇

  万事总是开头难。尽管彼此都做好了心理准备，但到北京之后，摆在面前的既定现实还是让她难于面对——周茹茵跟着余嘉在地下室住了大半年，生活的艰难是对未来的迷茫，消磨掉了他们在一起的最后一丝浪漫。她没法用眼前清苦的生活去赌那遥遥无期的美好未来，而父母已托人为她在老家准备了一份待遇不错的工作，等她回去。
  周茹茵就这样结束了那段感情。
  之后，她对待感情变得小心谨慎。回到南方小城后，她的身边一样不乏追求者，但是她却心如止水，偶尔与人有短暂的交往，最终也是不了了之。周茹茵的父母也算是开明之人，在女儿三十岁以前，并没有过多干涉女儿的私人感情，他们并不担心这么漂亮的女儿嫁不出去。
  岁月对周茹茵一直都是慷慨的，多少年过去，虽然年龄在长，但外貌和气质却比往年更显年轻了。然而，不知从哪年开始，她的心由最初的从容不迫开始变得焦躁。在父母和同事面前，她还能装作开朗的样子，但是在夜深人静一个人孤枕而卧的时候，满腹柔情、种种焦虑便在黑暗里无尽弥漫。

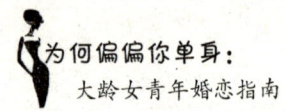

为何偏偏你单身：
大龄女青年婚恋指南

就在三十六岁的那个本命年，周茹茵一度以为找到了自己的真命天子。

记得那天天近黄昏，她穿着高跟鞋走在回家的路上。以前她都骑着电动车上下班的，偏偏那天电动车坏了。可偏偏不凑巧，走路把脚崴了，确切地说，是左脚崴了。那时，杨鸣宇恰巧驱车从旁经过，在距离她前面三四米的地方刹住了车。她看着他打开车门向她走来，然后听到一个磁性的声音关切地问她怎么了。——他好听的嗓音让她瞬间联想起曾在学校做广播员的余嘉。

俊男靓女四目相对，宛如触电。她在杨鸣宇的搀扶下大大方方地上了他的车。他把她送到她家楼下，她主动向他要了手机号，然后目送他开车离去。

接下来的事情顺理成章，他们的交往开始变得频繁起来。杨鸣宇经常开车送她上下班，尽管周茹茵上班的地点离家也不过三四站的距离。杨鸣宇的举手投足总是那么令人心动，他言语里透出的睿智与幽默以及把握得恰到好处的关切令她着迷。

上篇

　　杨鸣宇大周茹茵两岁，老家在几百里外的另一个省城。周茹茵问他，年龄也不小了，为什么还没结婚？杨鸣宇淡淡地笑着说，之前谈了多年的女友不愿跟自己来这座城市一起打拼，两人分手已经一年多了，现在一直在静等缘分。周茹茵想起自己跟前男友余嘉在北京住地下室的日子，不觉羞赧，然而更感到庆幸。也许真应验了"好事多磨"那句话，她满心欢喜地想着。

　　两人相处了半年后，周茹茵把杨鸣宇带回家见了父母。父母对杨鸣宇也十分满意。周茹茵开始憧憬起与杨鸣宇柴米油盐的小日子。原来一个女人再高傲，也终不能免去对俗世生活的渴望。

　　杨鸣宇显然没有周茹茵那么着急想走进婚姻生活。为爱痴迷的周茹茵已经学会了体贴，学会了为他放下身段。她想着杨鸣宇只是因为工作忙暂时分不开身，也可能他对待婚姻比较慎重，也许大家继续相处一段时间再考虑结婚也不迟……

　　可是，一天晚上，杨鸣宇在浴室洗澡时，周茹茵无意中

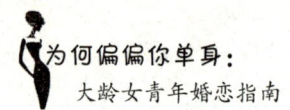
为何偏偏你单身：
大龄女青年婚恋指南

看到他手机上新来的短信。那条短信彻底击碎了她的爱情梦。

短信内容很简短：老公，你明天能赶回来吗？佳佳前天发烧还没好，还念叨着明天你给她过生日。

周茹茵想起头两天杨鸣宇对她说过准备回一趟老家，说父母生病了。周茹茵说想请假陪他一起前往，却被他拒绝了。他当时的理由是不想耽误她上班。

她努力保持着冷静，等他从浴室出来，然后把他的手机交在他手上。她看见他极不自然的表情挂着一丝慌乱，然而很快恢复了镇定。

她旋即甩门而出，头也不回冲进了夜色里。后来杨鸣宇给她打过好几回电话。最后她接听了，她耐心地听完那些毫无意义的解释，平静地告诉他不要再打过来。——那头沉默良久，果真电话从此再没打过来。

周茹茵又重回单身世界。此后，她用了近两年的时间来为这段感情疗伤。那天她站在镜前，猛然发现乌发里掺杂了几丝白发，内心不禁油然生起一股凄凉。她猛然觉醒自己就快奔四了——这个她下意识里总在回避的现实。

上 篇

　　她仿佛看见自己的美丽像一朵枯萎的花在雨中慢慢凋落。

脱单攻略：

许多时候，人往往栽在自己的优势上。美貌是一柄双刃剑，但从来不是尚方宝剑。它为爱情与婚姻增加筹码的同时，也可能带来风险；它能在感情的行进之初增加彼此的吸引力，却不能完全规避可能遭遇的背叛与欺骗。

在男女恋爱的过程中，都不应过分强调对方的容貌，更不应单纯地从容貌方面选择对象。

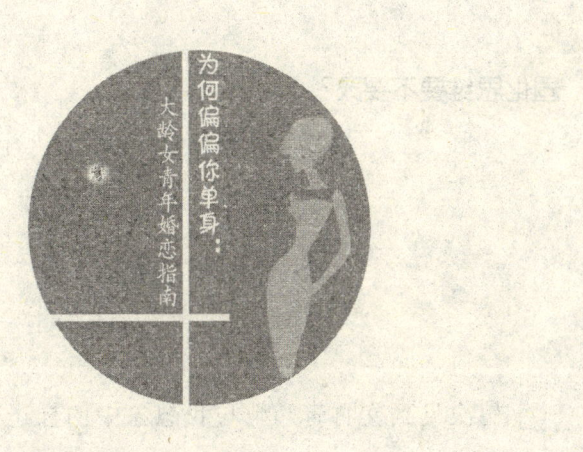

为何偏偏你单身
——大龄女青年婚恋指南

固化思维要不要改？

初次见到文竹青，她与我想象中的样子似乎不谋而合：个头一般，身材比较纤瘦，却又透着一股干练和倔强，一绺卷曲的短短的黑发自然地贴在额前，像没怎么刻意打理，又像是精心梳理过；弯弯的眼睛藏在黑边眼镜后面，显得炯炯有神，又仿佛有意回避着什么。

"我恐怕没什么题材可提供给你，我不过是个普通的大龄单身女性，中人之智，中人之姿。生活也平平淡淡，乏善可陈。"文竹青说话干脆利索，语速也快。

对于问到为何还单身时，文竹青坦言："可能是拖延症吧。我这人干什么事都喜欢拖，老毛病了，以至谈恋爱也拖，拖到没时间可拖了或许就会去谈了。"

对文竹青而言，有拖延症并非是她觉得现在谈恋爱还为时尚早，她其实早意识到自己已是个大龄未婚女青年。只是就她自己而言，现在的心态却仍处在某种安稳而不急躁的状态。

文竹青也并不认为谈恋爱是日后生活中必然要经历的一桩事，她也无从预计自己目前这样的恋爱心态将来是否会有所改变，她只是觉得若自己以后能一直保持这样的状态也不错。尽管文竹青知道女人过了四十，心理和生理就会发生很大变化。

关于拖延症，文竹青坦承自己在个人生活上拖延比较明显。

比如，她上个月就想着找人把家里卫生间的墙面重新修理一下，可是直到现在也没着手做。但文竹青认为，自己在

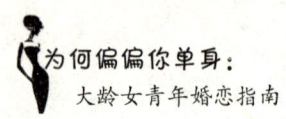

工作中就不存在这个问题。

"工作上不拖延,是不是因为和薪水、业绩等切身利益挂钩?"我问道。

"我觉得我在工作和个人情感方面有差异性地对待并不矛盾,因为这也是一种态度。工作上不拖延是一种职责,个人问题拖延则是因为不愿将就。"

文竹青说,自己并非想寻求完美恋情,只是想找一个有眼缘、有感觉、令人心动的人。她意识到自己可能有点太理想化,可又似乎从没想过要改变自己一贯的想法。

现在文竹青每天生活的圈子里,能接触到的男士几乎都是公司同事,很少有机会接触其他男性。她也从未与现在圈子里的任何男性有过深度了解和沟通。并非是出于羞怯或不屑,只是心里从没有产生过这方面的意愿。除此之外,文竹青坦言自己在生活和工作中是个特别高冷的人。

"你想过自己为什么会如此高冷吗?是刻意的吗?"

"也没有刻意,仿佛生来就这样,天生没有吸引力,没有女性魅力,从小如此。多少年没和人约会过了,看谁都不来电啊。"

就外表来看，文竹青虽然不能归于女汉子的形象，但也的确不能划入温柔娇弱的淑女行列。

文竹青从小的记忆里，身上穿的衣服都是中性化的，颜色大都是素淡的，几乎没穿过颜色抢眼的衣裳，也极少穿长裙和高跟鞋。自小到大她也几乎没有留过披肩长发，仅在大学期间留过一年不太长的马尾，其余的所有年月——从豆蔻到花信，从妙龄少女到大龄熟女，文竹青留的几乎都是不遮耳的短发。偶尔化淡妆，但完全是一时兴致所至。对于生活中接触到的异性，包括曾经的男同学与现在的男同事，文竹青从来没有觉得自己弱于他们。

以前在学校，她是班级的骨干；现在在社会，她又是公司的骨干。她觉得男女除了身体构造先天不同，女性体力稍弱于男性之外，其他诸如思维方式、工作能力和处事风格等方面，男女并没有多大差距，甚至许多方面女性丝毫不逊色于男性。

"除了缺少所谓的女人味，我本人不认为自己在现实生

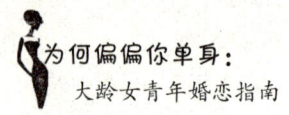
为何偏偏你单身：
大龄女青年婚恋指南

活中是个乏味的人，反而很多男性让我觉得很乏味。更重要的是我不愿意去迎合别人，不愿意假装对他们的爱好也很感兴趣。"

也许文竹青总是以佼佼者的身份出现在那些男同学男同事之中，因此助长了或许她自己未曾意识到的傲娇与偏激心理。

她说自己一点都不介意对方收入如何家境如何，但在潜力和情商方面却非常看重。她觉得那些自身素质越低的人，就越"直男癌"（注："直男癌"一词源于网友对活在自己的世界观、价值观、审美观里，时时流露出对对方的不顺眼及不满，并略带大男子主义的人的一种调侃），她可不愿意用示弱的方式去迎合男士。

其实文竹青以前谈过恋爱，那还是在她读大学的时候。此后，文竹青的感情就一直处于空白状态。

"那你准备一直这样拖延下去，静等缘分吗？"

"不然呢？"文竹青耸耸肩。

上 篇

"你觉得这样被动地等待,等来爱情的可能性大吗?"

"百分之一吧?"文竹青用了个疑问的方式回答我,接着又果断说:"随他去。该来的总要来。"

脱单攻略：

一个一成不变的交际圈，一种不愿将就的恋爱观，造就了一个又一个的大龄单身女青年。

人往往有惰性，改变自己是难事。知道自己的症结，并不等于能够对症下药。换一个工作环境，未必就能改变现状。关键是要从自身寻找突破点，自我反思，不要让自己的惯性思维和固化思维阻碍了自己前行的步伐、限制了自己的思想。

为何偏偏你单身：
大龄女青年婚恋指南

刁蛮任性要有度

一般大男人都喜欢娇弱女孩。可实际上,任何事物都不是绝对的,就如有篇文章里说"很多事情都是这样的,在一个适度的范围内才是完美。超过了这个度,就物极而反了",一个女人,过分强势固然不好,但过分娇弱和依赖男人同样是不可取的。

下面是我的朋友郝佳转述的一位邻居女孩阿雅的故事。阿雅长得还算可以,小家碧玉型,眼睛不大,鼻梁也不

上篇

是很高，嘴巴小小的，看上去很舒服、很亲和。个头不算高，一米五八左右，娇巧玲珑。"一白抵三丑"，白皙的皮肤给阿雅的形象增加了不少分。

她的家庭条件非常优越，爸爸是市某局一位副局长，妈妈是会计。阿雅从小就过着公主一样的养尊处优的生活，平时讲话也是娇滴滴的，没听惯她这声音的人还以为她在撒娇，如今步入中年的她还是这种甜甜的声音。她今年应该有三十七八岁了，但是能肯定的是她还没结婚。说句老实话，阿雅太娇气了，三十多岁的人了，言行举止还跟个不懂事的小孩一样。其实阿雅之前也是交过男朋友的，最后都不了了之，才去走相亲的路子。

阿雅单纯善良，心无城府，对人也比较大方，就是太幼稚太粘人了，相亲过好几次都没成功。要么她看不上人家——应该说是她爸妈看不上人家；要么人家看不上她。阿雅爸爸单位新调来一位硕士研究生，比阿雅小三岁。阿雅爸爸便想从中撮合女儿和那位研究生交往。后来两人果真恋爱了四五年。

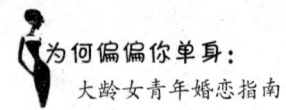

为何偏偏你单身：
大龄女青年婚恋指南

要说阿雅还是蛮有福气的，那时这位研究生还属稀缺人才。两人一块住了三两年，我们当时都奇怪，怎么都不提结婚的事呢？按照阿雅父母的心态早就该催他们结婚了啊。有一次我听见他们在街头吵架。阿雅不顾及自己及男友的形象，在大街上当着所有路人的面，大声指责他为什么不接她的电话。

事情的起因是她男友去外地出差，恰巧那天手机没电，没接到阿雅打来的电话，于是男友次日回来，阿雅无理取闹地跟男友吵架。吵就吵吧，关起门来躲屋里发泄一下大小姐脾气也就罢了，何苦当众给男友难堪？不仅大声吵架，还当众把男友的手机抢过来摔了。不知情的人还以为她男友真做了什么特别对不起她的事。

阿雅的男友涨红了脸，一言不发地转身离去。阿雅仍是又哭又闹地跟在他后面。

第二天，阿雅却挽着男友的胳膊，一副小鸟依人的样子，若无其事地吃着冰淇淋，好像昨天发生的事根本就不存在，阿雅的男友则是一副严肃脸。没多久，阿雅的男友实在受不了女友的刁蛮和任性，最终选择了分手。阿雅当然不同意，寻死觅活的，说他吃里爬外。那年九月，阿雅的男友就彻底消失了，打电话也联系不到。原来，当年他考上了外省某校的博士，他没敢告诉阿雅，选择了不辞而别。

男友在与阿雅交往一年后真的厌倦了她的娇气和任性，只是碍于阿雅父亲的面子一直不敢提分手，瞒着阿雅考了外省博士。

如今奔四的娇小姐仍孑然一身，却还不明白个中缘由。阿雅的经历令人感叹息，这，究竟是谁之过？

脱单攻略：

娇生惯养、刁蛮任性、唯我独尊……这是许多从小泡在蜜罐子里长大的富家女的典型特征。这些陋习说到底就是缺乏教养形成的极度自私，若不加收敛，久之就会积重难返，甚至让自身的优点也逐渐被埋没。

价值观和脾性都正常的男性对这类女性迟早会感到累倦。一场好的婚恋其实就是男女双方性情相互磨合的过程。

自爱不等于清高自傲

十多年前,杨黛萍还是个涉世不深、清纯稚嫩、内心清高的女青年。她怀揣着北方某高校本科文凭,只身一人来到国际化大都市上海,经过多年的辛苦打拼,中途辗转更换了几份工作,终于在一家中型广告公司稳定了下来。

十多年后,历经无数风浪的杨黛萍,当年那种不谙世事的稚嫩早已不复可寻,但似乎与生俱来的高傲性情却从未改变。无论是曾经的同学还是现在的同事,但凡与杨黛萍有过接触的人，对她几乎都有一个相同的评价——高冷、高傲。

的确，杨黛萍是那种一眼望去脸上的神情就能将人拒以千里之外的高冷女青年。这样的气质可能也跟她的家庭背景有关。

她的老家位于南方某个小城，父亲退休前是她所在中学的副校长，母亲则是同校的教导主任。相比其他同学，中学时期的杨黛萍就常常带有某种自我优越感，使得她一直孤傲清高。

也许，正是缘于这种清高自傲带来的某种倔强，杨黛萍才会在大学毕业后放弃父母为她在老家小城安排的稳定的教师工作，而选择去她心仪已久的大都市上海工作。

在上海，工作换了几回后，杨黛萍总算找到一个发展不错、专业对口的公司，她准备在这里稳定下来，从普通职员做起，然后再慢慢升职。

在杨黛萍自己看来，如今的事业算是安稳并小有成就，可是个人的终身大事却迟迟没有着落，她也只是在大学期间有过一段短暂的恋情。

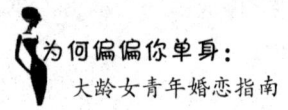
为何偏偏你单身：
大龄女青年婚恋指南

　　来上海的最初几年，杨黛萍心里想得最多的就是工作，无暇顾及找男友的事。她也一直自信地认为，按照自己各方面的条件，找男友不过是一件轻而易举的事，而且身边从不乏想要追求她的男同事，只是她都拒绝了而已。久而久之，那些追求者们也受够了她高冷的态度，渐行渐远了。

　　其实，杨黛萍并非对所谓的办公室恋情有抵触情绪，也不是自己有多拜金，而是她无法将那些工作能力和收入与自己差不多的男士动心，认为那些男士都太过平庸，不够有魅力。她追求的，是一个能让她仰望、崇拜的男人。

　　就这样日复一日、年复一年，寻寻觅觅，无果无望，一不小心就跨越了三十岁的门槛，将自己划进了大龄未婚女青年的行列。

　　杨黛萍似乎并没有意识到，在那样一个人才遍地、美女如云的繁华大都市，她在小城老家所具备的那些优势已经变成了相当普通的条件，若继续清高自傲，只会给自己带来更多绊脚石。

　　有人说，在某种程度上，每个人都是自以为是的。这话用于杨黛萍似乎并不为过。

即便步入大龄未婚女青年行列,她也依然保持着心理上的某种优越,从不曾意识到自己的眼高手低,在择偶方面始终太过于理想化,而且越来越固执。

三十二岁那年,杨黛萍当上了公司的行政副总监,与此同时,也经历了一场不温不火的恋爱。

他是新调来的行政总监,是杨黛萍的顶头上司,名叫方杰明,上海本地人,比她大一岁。

初来乍到的方杰明对工作能力不错的杨黛萍很快就有了好感,经过几个月的接触,便悄悄向她抛出了爱的橄榄枝。

而杨黛萍对方杰明的态度一直有点模棱两可。方杰明的人品是无可挑剔的,但外貌并不是那种让人眼前一亮的类型,工资方面也最多比她多赚两三千块,有一辆不到十万的轿车,虽然是本地人,在上海有房子,但全家人都挤在一处不足五十平方米的旧楼房里,而且房子地段也较偏僻。

杨黛萍考虑到自己的年龄也老大不小了,于是试着跟他接触、了解,但在那场恋情里,她依旧保持着先前的清高气

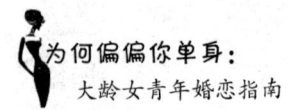

傲,每次的约会都是对方主动提出。

不出所料,他们的关系并没有特别地热络起来,反而开始渐渐疏远,尤其是在杨黛萍见过方杰明的父母后。

杨黛萍觉得,方杰明家的房子一家三口住着就已嫌拥挤,实在无法想象自己和他的家人,以及将来有了孩子之后,还继续拥挤在逼仄的小屋里,一起面对每天锅碗瓢盆的生活。而以他俩的收入,目前还暂时无法承担得起上海高价的商品房。

于是,方杰明的优点很快在杨黛萍的眼里暗淡下去,而他的缺点却无形中扩大起来。本来在那场感情里,心性高傲的杨黛萍就一直显得很被动,如今就更是对方杰明漫不经心了。

两个月后,杨黛萍终于主动向方杰明摊牌。方杰明也在这场感情里感到了累倦,于是同意分手。既然两人不可能在一起共事了,方杰明念着一个女人另找工作实在不易,便主动辞职离开了公司。

方杰明的辞职,让杨黛萍感到隐隐的愧疚。实际上他俩

上 篇

　　分手后不久,杨黛萍就懊悔了。那年,她一个人在出租房里度过了三十三岁的生日。而在早先两人的计划里,方杰明是要约她去他家过生日的。

　　杨黛萍开始想念方杰明的好,但依照她那清高自傲的心性,绝不可能主动来向方杰明示好。随着时间的流逝,杨黛萍对于方杰明的愧疚终究趋于淡漠。只是,她又不得不开始一年又一年的寻寻觅觅,承受一年又一年的无果无望。

脱单攻略：

　　人难免会过分自爱、眼高手低，当自身条件与追求目标步调不一致的时候，就容易变得好高骛远，甚至在现实里免不了碰壁。爱别人，先要学会自爱，但自爱不是清高自傲，也不是顾影自怜，而是对自己适当的关怀。只爱自己的人不会拥有真正的爱。

　　如果说爱是一门艺术，那么，恰如其分的自爱便是一种素质，唯有具备这种素质的人才能成为爱的艺术家。寻觅爱情的人，切莫清高自傲、眼高手低。

为何偏偏你单身：大龄女青年婚恋指南

来自父母的强烈干涉

在中学时代,田恬只要跟男同学稍微走近一点,一经母亲熊桂芬发现,就会如洪水猛兽般劈头盖脸地给她一番训斥,然后以"男女授受不亲"的思想教导她。

田恬从小就是个听话的乖乖女,进入大学后,她以为终于可以摆脱母亲的紧箍咒了,便变得"不安分"起来,在大一下学期便开始恋爱。

那是田恬的初恋,还好来得不算太晚。只是频繁来大学看她的母亲，不知怎么得知了她恋爱的消息，尽管不再如中学时那般劈头盖脸地训斥，但仍是语重心长地劝说田恬：大学里的恋爱是没有好结果的，女孩子要自尊、自爱、自重，你还太年轻，不懂什么叫真正的恋爱，别到头来吃亏的是自己。

田恬刚品尝到爱情的甜蜜，但是心却仿佛被什么牵绊住了。与男孩约会时，耳边总是萦绕着母亲对她的劝解，加之母亲频繁地来看她，让她没法认真恋爱。没多久，田恬的初恋便宣告结束了。

大三那年，田恬喜欢上了一位大四的男生，但这种喜欢最多只能算暗恋。

女性的矜持，更兼着母亲那如重锤的时时敲在心上的话，让田恬根本不敢向那男生表白，甚至她都不敢让对方知道自己喜欢他。她默默地关注着他，直到对方身旁有了可人女孩，她才独自一人黯然神伤，眼睁睁地看着他大四毕业离开校园，从此消失在自己的视线里。

其实大学期间，也不乏喜欢田恬的男生，有的人也会主

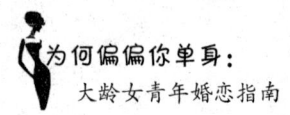
为何偏偏你单身：
大龄女青年婚恋指南

动向她表白示好。然而，田恬几经犹豫都婉转拒绝。

田恬大学毕业后，单位离家就几站地。她每天和父母生活在一起，从以前的学校和家过渡到了从单位和家两点一线的生活，生活节奏没变，但不同的是，她终于熬到可以名正言顺地谈恋爱了！

田恬工作后认识了赵思敏。他是外地人，比田恬大两岁，在一家私企工作了两年多。田恬与赵思敏认识半年后才确立了恋爱关系，不久后她试着把他带到家里来面见父母。

田恬满以为母亲会对一表人才的赵思敏满意。谁料，母亲见到赵思敏后却表现得比较冷淡。不一会儿，母亲便借口让田恬下楼买东西，她好单独与赵思敏交谈。

可是待田恬急速返回家时，发现屋里气氛很严肃，母亲和赵思敏两人的脸色都不太好看。

见田恬回来了，赵思敏留下带来的礼物，没等吃饭就离开了她家。田恬想要去追，却被母亲拦住了。

"妈，您刚才跟他说什么了？"

"你也真是，婚姻大事也不跟妈商量下！他一外地户口,没有稳定职业,也没有房子,你图他什么呀?"

"我什么都不图,就图我俩浓厚的感情!"

"你太天真了!光靠感情能活得下去吗?"

"没有感情又能活得下去吗?"

"妈妈是过来人,道理比你懂!不是有个词叫日久生情吗?什么感情不感情的,接触久了自然就有感情了。我跟你说,你要是我女儿,就不要再跟那个赵思敏来往了,否则早晚得吃苦头!"

由于母亲强势的干涉,从那以后,男友对她也少了很多交流,两人的感情也渐渐冷淡了,最后只好和平分手。

那时候,母亲觉得女儿还很年轻,各方面条件又非常优越,理应找一位各方面条件都匹配的男士。婚姻是女儿一辈子的大事,做母亲的怎能不操心呢?

二十六岁那年,田恬又带回了一位男友。

这位男生名叫章修骏,长相一般,和田恬同龄,同在一座城市,工作也稳定,唯一不符合母亲的条件是目前他还没有能力买房。

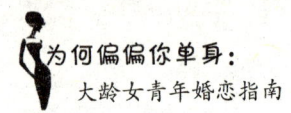
为何偏偏你单身：
大龄女青年婚恋指南

这次田恬没有像上次那样听任母亲把自己支开，而是亲眼看着母亲像查户口一样单刀直入地盘问章修骏……

"哪里人啊？多大了？"

"在哪上班啊？"

"月薪多少啊？"

田恬的母亲对章修骏的回答非常满意，但被问到房子时，母亲的脸上又冻了一层霜。

"最好能有一套住房，也不要求太大，至少有一百平方米。没个家以后两人怎么生活呢，是吧？"

田恬插嘴道："房子慢慢来，我们可以暂时先租房子。"

"租房子？付房租的钱都赶上你三分之一的工资了！"母亲打断田恬的话，"你们以为租房子就容易吗？哪天房东要你搬出去你立马就得卷铺盖出门……"

原本喜乐的一次见面，最后又是不欢而散。

事后，母亲仍心有不甘，还去打听了章修骏的生辰八字，找算命先生给占了一卦，占卦的结果却是女儿和章修骏八字不合。

"不行,你们不仅看起来没有夫妻相,八字也相当不合。算命先生说了,你们若是硬要凑一起,早晚也得分开。听妈一句劝,千万别把婚姻当儿戏!"

在母亲的再次干涉下,田恬的这场恋情又是有始无终。

与此同时,母亲央熟人给田恬介绍了一门亲事。男方各方面条件都相当不错,当然最重要的是,男方有套一百多平方米的房子,只等着装修好迎娶未来的新娘进门。可是,还沉湎在与章修骏分手的烦忧中的田恬,一时半会儿哪里有心思去相亲。

"什么房子房子!你看中的又不是我看中的!到底是谁结婚?我要嫁的是人还是房子啊?"田恬忍不住冲母亲嚷了起来。

熊桂芬一时错愕,拿那句习惯用语当挡箭牌:"我还不是为你好吗?"

"为我好,为我好,你这是为我好吗?为我好会不听我的感受独断专行吗?"

可惜,田恬的叛逆来得太晚。要是她对前两任男友的态

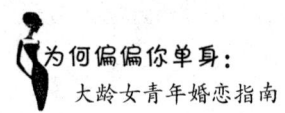
为何偏偏你单身：
大龄女青年婚恋指南

度能坚决点，说不定母亲最后会妥协。田恬最终选择了消极对抗，她没有答应去见母亲托人介绍的对象，反倒每天一下班，就把自己反锁在屋里。即便是吃饭时间，她也不愿和母亲多说话。

日子就这样一天天过去，她对自己的婚姻大事似乎已变得无所谓，除去工作，偶尔与女伴逛街，宅在家里上网或看电视，足以打发所有的业余时间。

为了给女儿早日找到金龟婿，熊桂芬几乎发动了所有的亲戚、认识的街坊邻居、退休的老同事，以及那些跳广场舞的大妈们、练太极拳的大爷们，甚至还打印了一些有关女儿的征婚信息传单，到公园、广场里见人就发。有一次被田恬看到了传单，跟母亲狠狠地吵了一架。

熊桂芬慢慢妥协了。她苦口婆心劝女儿去相亲，也对未来女婿的要求降低了很多。

"你好歹去相亲吧，不管他有没有房子，你俩觉得合适就行了。"

田恬哭笑不得。早知如此，何必当初？

上 篇

可是田恬哪里会再听母亲的劝告?宁缺毋滥,是她信奉的原则,大不了就单身呗!

脱单攻略：

　　普天之下的父母没有不关心儿女的婚恋问题的，但是有些父母在儿女的婚恋上常常会过度干涉，他们总是以过来人的身份对年轻一代提出过多要求，借着关爱的名义绑架孩子的思想和选择权。许多男女在恋爱、婚姻中会受到的最大阻碍，往往是来自父母的过多干涉。其实孩子在接受父母这种"爱"的时候，感受到的不是幸福快乐，更多的是沉甸甸的负担和过高的期望。

　　很多情侣试图反抗，但在处理过程中会感到很为难，难免搞得焦头烂额。当父母无法改变时，我们唯一能够改变的就是自己。毕竟，幸福是掌握在自己手中的。建议父母只是给孩子分析利弊，真正的决策还是交由孩子自己吧。

为何偏偏你单身：大龄女青年婚恋指南

性格造就结果

"人家姑娘可是在事业单位上班哩!你问漂不漂亮?人家一米六九的个头,模样周正,一对大眼睛……"

俗话说:"姑娘美不美,全凭媒人一张嘴。"——如果说媒人故意文过饰非,那委实冤枉了媒人的一片好意。

这位介绍人所说的姑娘,便是刘林。

刘林在公路局上班,响当当的铁饭碗;裸身高一米六九点,五官周正,大眼睛,高鼻梁。介绍人所述的这些特点确实是刘林的实际形象,但却没说她的那些在普通男性眼中不太接受的特点:身材健壮,虎背熊腰,大圆脸盘,厚嘴唇,嗓门粗大,走路姿势像个男人。

对,刘林就是这样的一个女汉子,性格豪爽,为人不拘小节,平常下班闲着没事时就喜欢往男人堆里扎。这要是换作一位娇弱姑娘成天混在男人堆里,背后肯定会招来人们"与男人勾勾搭搭""品德败坏"之类的指指点点,但在女汉子刘林这里,丝毫不会出现这样的顾忌。

她跟那些异性朋友称兄道弟,经常一起大碗喝酒,大口吃肉,食量大,酒量也不小。有时身边没有开瓶器,刘林也不让男人帮忙,自己直接动手拧瓶塞,实在拧不动就用牙咬,不太熟悉她的人若是见到一定会瞠目结舌。

刘林说起话来大大咧咧,聊到兴头时偶尔会冷不丁地带出几句脏话。那些男性朋友也极少把她当女人看,在他们眼里,她就是他们的"好哥们儿"。

刘林平常不爱跟女生一块玩。她讨厌撒娇发嗲的女生,讨厌有些女生遇到一点小事就大呼小叫,也不喜欢有些

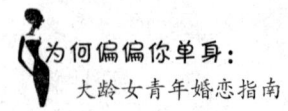
为何偏偏你单身：
大龄女青年婚恋指南

女生为一点小事罗里吧嗦、斤斤计较个没完。当然，如果有女性朋友遇到什么事求助于她，她也会当仁不让慷慨相助。

此外，刘林也不爱逛街，觉得在大街上或商场里闲逛纯属浪费时间。她平常购物都是看准了三下五除二买完了事。刘林更是极少穿高跟鞋，家里的鞋子大都是平底的运动鞋和帆布鞋。

二十八岁那年，刘林谈了一段女强男弱的恋爱。

她本以为性格互补的恋爱关系更适合她，可是没想到男友的承受能力并没有想象的那么强，对方越来越承受不了她的女汉子性格。经过一年的相处，两人之间的矛盾越来越尖锐，于是刘林果断分手。

两年后，刘林认识了一位离异男士，比她大两岁。这位男士名叫柳方正，性格也跟名字一样方方正正，老实巴交。他三十岁时离异，两岁多的孩子跟前妻生活在一起，独自生活四年后，终于有勇气准备开始下一段感情。跟柳方正接触一段时间后，刘林真心觉得对方是个特别厚道、特别好的男人，就是有时性格太蔫儿了。每次看到他这副模样，刘林便恨不得怒吼几声。不过，刘林虽女汉子性格，但心地善良，她觉得柳方正是个受过伤的男人，自己应该好好关心他，因而每次发脾气后又会主动道歉。而柳方正也觉得刘林是个热心善良的特别好的女人，可就是有点惧怕她的脾气，有点不满她跟异性朋友过于频繁的相处。

然而，就在两人交往一年后，意想不到的事情发生了。柳方正的前妻竟然带着孩子寻来了，想要跟他复婚。柳方正考虑到孩子，而且对前妻、对刘林都有感情，有些犹豫不决。

刘林经过几个夜晚的辗转难眠，主动做出了退让。她觉得，一是看在年幼孩子的份儿上，柳方正应该原谅前妻，给彼此一个破镜重圆的机会；二是既然柳方正这么犹豫，说明他已经对他们之间的感情动摇了，也能感受得到他对她女汉子的性格容忍到了一定程度，况且她也不是那种爱纠结爱纠缠的女人。于是，柳方正真的走了。

自此，成为大龄未婚女青年的刘林就再也没有了恋爱的念头。

脱单攻略：

　　社会上很多人都在怀疑：是不是女汉子根本不适合恋爱？这明显是一种错误的认识。在爱情上，女人不分女汉子还是小女人。很多所谓的女汉子基本上都是男人的冷漠造成的。

　　如果女人身边有一个无比强大的男人保护着，那她自然乐意做一个小女人。女人一旦爱上了这个男人，就会对男人格外地依恋，这是女人在恋爱中的通病。像刘林这类的女性朋友，外表看似女汉子，实则一副侠骨柔肠，甚至内心深处住着一个小公主，只是她自己和前男友们没发现而已。

　　永远都要相信，女汉子也有人爱。

为何偏偏你单身：大龄女青年婚恋指南

强势也要分场合

前些日子,微信上有位名叫佟越明的男士加我好友,验证信息说想告诉我一个故事。我通过了他的验证请求,然后发信息问他,您有什么故事想告诉我?

他正巧在线,跟我说:"听你朋友郝佳说你在写关于大龄未婚青年方面的文章。我想或许我可以为你提供一点这方面的题材。"

我笑道:"我那位朋友嘴可真快。是的,我是需要这方面的题材。关于大龄未婚女青年的素材,您有吗?"

"我跟我的前女友,谈了五六年,后来分手了。相隔了六七年没见到,前段时间偶然碰到她,惊讶地发现她居然还未婚。哦,这符合您写作的要求吧?"

"呵呵,那先谢过您了。"

"不用谢。其实,关于我的前女友,很多情绪积聚在心里,我这也正想找个人一吐为快。"

"谢谢您对我的信赖,我愿意做个倾听者。"我说。

"怎么说呢,我那个前女友,一直都是个非常强势的人,这也是我们最终分手的原因。"

"您是说她非常强势吗?"

"是的。男人嘛,都不喜欢太强势的女人,骨子里喜欢的都是小鸟依人的那种。有道是,天为阳,地为阴;男为阳,女为阴。柔弱和娇媚本该是女性的自然属性,就像阳刚和大气是男性的自然属性一样。如果朝着完全相反的方向发展,女人就失去女人味了。就像你们女人也不喜欢男人像伪娘一样。"说着他发来一个憨笑的表情。

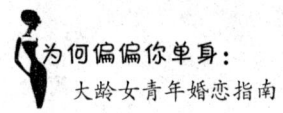
为何偏偏你单身：
大龄女青年婚恋指南

"您和她怎么认识的？"

"我们是经人介绍认识的。那时，我俩条件都不错，她是一家营销公司片区经理，我是一家药材公司主管。我俩外表挺般配，各自的薪水也都差不多，在事业上可谓旗鼓相当吧。"

"当初刚谈恋爱的时候就已发现她强势的一面了吗？还是在接触较长时间以后慢慢感觉到的？"

"说实话，那个时候她的强势在我眼里不叫强势。人被一种爱情的新鲜感冲昏头脑的时候，觉得怎样看都是完美的。所谓情人眼里出西施嘛。"

"您是说那个时候她的强势在您眼里是种完美？"

"沉浸在爱情幸福中的时候，她的强势在我心里也被解读为一种女人的大气与独立。"

"也就是说，你们最初交往的时候，她其实就已经显露出强势的一面来了，只不过被您误读了？"

"嗯，可以这么说吧。最初的这种强势在逐年的交往后再回过头来重新审视时才慢慢觉察出来。"

"后来是怎么慢慢觉察出她的强势来的?可以具体地说说吗?"他回复速度比较慢,以致我不得不提出些琐碎的问题表示回应。我也得承认自己的提问都没水平。

"我们在交往半年后就住在了一起,各自的脾气性格也慢慢在对方眼里展露无遗。她吧,起先对我其实还算挺照顾的,事事都替我考虑,替我张罗。"

"被人照顾的感觉不是很好吗?"

"很多事情都是这样的,在一个适度的范围内才是完美。超过了这个度,就物极必反了。"

"是不是隐隐觉得,她对您过分的关照让您在她面前失去了表现自己的机会?"

"各种原因都有吧。我和她还只是同居未正式结婚呢,她就变得无论大小事都要插手过问,大包大揽。并且她总认为自己所做的都是对的,不问别人是否能够接受。别人只有无条件服从的份。"

"她遇事从不跟您商量吗?"

"有时她自作主张把事情办完了才告诉我,有时她也

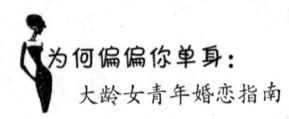
为何偏偏你单身：
大龄女青年婚恋指南

会事先跟我商量，但那种商量越到后来越像一种形式和走过场。因为商量来商量去，结果还是她一个人说了算。我的意见和想法总会被她否决掉。"

"为什么她总会坚持自己说了算，是不是在她眼里，您的看法的确每次都是错误的？"

"我觉得她的个性就是这样，说一不二，太争强好胜。她说，相爱的两个人之间，总要有个人听另外一个人的。可这个听从的人只能是我。她不能容忍别人和她的意见相左，如果你不接受她的观点，她就会觉得自己的自尊受到了莫大的伤害。她的控制欲太强。"

"那到后来她再找您商量，您还愿意向她出谋划策吗？"

"她来找我商量，我还是会认真听取她的看法。因为摸到了她的脾气，如果一件事没有明显的对与不对，即便我有更好的建议，我也会干脆闭嘴不说，迁就她照自己的想法去处理；但如果她的错误是非常明显的，我还是会婉转的指出来并提出自己的看法。"

"您指出明显的错误后，她会听您的吗？"

"这样的情况很少。偶然一两次她恍然大悟地说,哎呀,对呀,怎么没想到呢?可是大部分的时候她还是固执己见,刚愎自用。哪怕那件事之后她意识到自己的观点错了,也极少主动承认自己的错。承认错误对她来说,比拿刀架在她脖子上逼她低头还难。相反,她反倒经常为自己的错误据理力争,为了掩饰错误的结果总是给自己错误的行为一个美好的动机,好像显得自己特别无辜。而如果是我犯了什么错误,那就等于捅了马蜂窝,她甚至可以喋喋不休责怪我老半天,并且日后不定期地会再次翻起旧账,且说起话来总是浑身带刺。总之,在她眼里,她永远是对的。"

"您觉得这种强势是否跟她的家庭教育有很大关系?"

"肯定是有关系的。她是家里的独生女,父母都是高级知识分子,从小在一种优越的环境里长大。父母很早培养她的独立能力,这个本来没有错,只是这种独立意识导致了另一种极端,到最后演变成了一种唯我独尊的傲气和霸气。"

"您刚才说她是营销公司片区经理,她在处理其他的人际关系也是这样强势吗?"

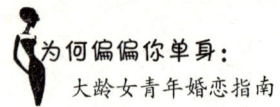

"我觉得吧,她这种强势如果对事不对人,还是有好的一面。她这种强势的性格表现在工作上,会给人一种处事果断且力求完美的印象。而且在工作中遇到挫折,像她这样的性格也是不肯轻易服输的。她对待属下的员工也挺苛刻,分配下去的事情一定要求他们按时按质按量完成,谁做不到就会有相应的处罚。她在工作中的强势也的确有收效的——她负责的那个片区在公司里的业绩几乎每年都是最好的。"

"是不是因为她在工作中突出的缘故,觉得自己的方式是没有错的,然后把这种强势带回了家里?"

"对,我觉得她是个工作和家庭不分的人——当然我们并没有组建家庭。说实话她那样的性格,后来让我想到倘与她组建家庭过一辈子都有点怕。"

"您没有尝试着跟她沟通吗?比如在她高兴的时候,在你们俩一起旅游一起逛街的时候?"

"我尝试过很多回,可收效甚微。"

"刚才说到您是一家药材公司主管,与她在事业上旗鼓相当。是不是在她的潜意识里,需要一个比她薪水高得

上篇

多，事业上远胜于她的人来压服她？"

"我觉得即便有这种各方面条件都优越于她的人做她男友，依她的个性，也不可能对他产生依赖。她强烈的自尊心不可能允许自己对任何人臣服。"

"您跟她谈了几年时间才分手的？是您主动提分手的吗？"

"谈了五六年了。现在想来我都觉得奇怪，和那样一个强势的女子居然能在一起五六年之久。可能也是因为我优柔寡断，犹豫不决。是的，最后是我主动提出分手的。在她面前，我感觉自己处在一种多余的状态，什么事情她都不需要我帮忙。我感受不到一个女性应有的温柔和妩媚，她不能给我带来作为男子汉大丈夫的成就感和荣耀感，也激发不了我的保护欲。我在公司好歹也是个领导，可是在她面前，我什么都不是。发展到后来，我有种见到她立马想要逃离的冲动。"

"还记得你们当年分手时的情景吗？"

"到与她相处的最后一年，我们已经不能正常对话了，每次见面都会吵架。最后一次好像因为一件小事，她跟

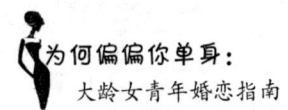
为何偏偏你单身：
大龄女青年婚恋指南

我吵起来了。那一次我丝毫没有退让，把压抑了数年的不满全发泄在那场吵架里，就差动手打她。她显得很无辜的样子，说她什么事都自己包揽也是为了我。我觉得她有点可怜，可我再也忍受不下去了。那场吵架后我们就彻底分手了。"

"您说前段时间还碰见她了？"

"是的，自从分手后，这是第一次碰见。说实话，我觉得她强势的性格如果不改，没有哪个男人能受得了。尽管想到过这些，对于她至今未婚仍感到惊讶。"

"这次你们碰见后聊了些什么？"

"也没聊什么，无非是聊了几句各自的现状。当然这么久没见了，再见面说话都客客气气的，也见不到她强势的一面。我想她如果一开始就这样温柔，就不会一直单身了。"

"您和她分手后哪年结的婚？"

"第三年吧。"

"您妻子的性格应该是小鸟依人的吧？"

"呵呵，是的。"提起他的妻子，佟越明发过来一个得意的微信表情，"现在的这位很尊重我。我想上天让我遇到之前那位强势的女友,使我身心疲惫,也许就是为了将现在的妻子送给我吧。"

"呵呵,祝福您。"

"谢谢,不过,对于我的那位前女友,我还是希望她能过得好。"

脱单攻略：

"天为阳，地为阴；男为阳，女为阴。"这是万事诸物的自然法则，也包括人类。尽管如今女性的社会地位日益提高，"男女各顶半边天"，但专属于女性的那些温柔、贤惠的特质不可抛弃。女性不是不可以强势，就像男人也可以温柔，但要分场合。

一个女人太过刚性，处处显得强悍，甚至将自己的付出也当作某种恩情给对方进行精神捆绑，势必会让男人感到窒息，对你敬而远之。

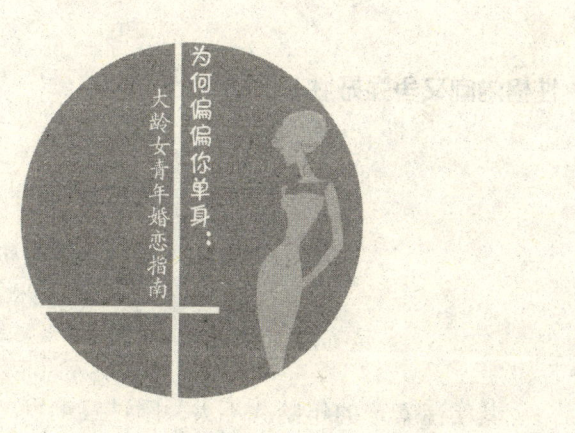

为何偏偏你单身……
大龄女青年婚恋指南

性格内向又争强好胜

其实王素珍的年龄并不大,刚过三十岁,但从外表看去,却是一副老气横秋的模样:随意的发型,发际线过高,七百多度的大黑框眼镜架在小鼻梁上,黑眼圈,鱼尾纹。

公司办公室里常常是闲言碎语集中的地方。王素珍性格偏内向,与办公室里的同事除了谈论工作,几乎再无私下交流。

最初,她早上到办公室门口时,同事们都会热情地和她招呼:"王姐,早啊!"不苟言笑的王素珍总是礼貌性地点头或说句"早",便再也不多说一个字,面无表情径直走向自己的办公桌。渐渐地就再无同事和她打招呼了。

除此之外,王素珍是公司女性中唯一不化妆的,平常的着装也总是保守风格,简单朴素,似乎追逐流行时尚与她无关。

王素珍性情里素有的传统与矜持,使得她不善与人多交流,尤其是跟男同事。当同事们乘同一趟电梯下楼时,唯有挤在人堆里的王素珍沉默着。

尽管王素珍性情内向,但在工作上却从来都是争强好胜,即便在男同事面前也不甘示弱。俗话说"男女搭配,干活不累",可是王素珍却总是拒绝男同事对她的帮助。业务上遇到困难时她几乎从不求人,即便有好心的男同事主动提出帮忙也会遭到她的拒绝。

究其原因,一方面是她性格要强,宁可加班加点也要自己独立完成;另一方面是她不想在各方面亏欠别人。不过话

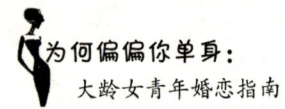
为何偏偏你单身：
大龄女青年婚恋指南

说回来，公司里面跟她同级别的员工，也确实没有她的工作能力强。几乎每年的年终考核，她的业绩都排在第一。王素珍也终于在三十四岁那年被提拔为部门主管。

这样一位在各方面上争强好胜的女强人，却是个感情归宿黯淡渺茫的大龄未婚女青年。真是让人唏嘘。

脱单攻略：

有些女性，性格过于内向，且争强好胜，无所不能。她们不喜欢与异性嘻嘻哈哈没有分寸，也不愿意示弱，自我要求过高，对男方也要求苛刻，某种程度上表现得有些怪异或不可捉摸。

不过，性格强势的女人也分很多种，最好的是那种在外面风风火火，回到家里则变了一个人，温柔贤惠；还有一种是不管在哪种场合都很强势；第三种是在外面不争强，给外人的感觉很柔软，一回到家就成了霸王，这种毛病最要不得。

为何偏偏你单身：大龄女青年婚恋指南

守望一份三观一致的真爱

时下,"三观合"已成一个流行语了。常常听说三观不合的情侣最终是走不到一起的。

所谓"三观",一般而言是指被大多数人所认知的世界观、价值观、人生观。若从哲学角度来更深一步阐释它的意义,未免太抽象了。若真落实到男女日常相处的生活琐事中来,用通俗的话解释,"三观不合"往往指彼此之间性情不合,兴趣不投,生活习惯不同,对事情的看法不一,待人接

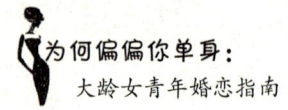
为何偏偏你单身：
大龄女青年婚恋指南

物方式相异，等等。

罗烨婷认为，感情是决不能凑合的事，三观不合的男女若走到一起，最初相识时的感情热度一旦降温，最终会导致"话不投机半句多"，更别提结婚后要朝夕相处、厮守一生了。

罗烨婷对待择偶的态度一直比较谨慎，"宁可孤独，也不违心；宁可抱憾，也不将就"。她觉得三观不合却还要因感情之外的各种因素勉强与对方在一起，绝对是令人极度郁闷苦恼的事情。彼此相互勉强、忍耐，还不如独自一人过得清净自在。

其实，罗烨婷身边也有几位追求者，可是想找一个与自己三观相合的人又何其之难。

与罗烨婷同龄的闺蜜郝敏在三十岁那年匆匆结婚了。在罗烨婷看来，不论是学历、收入还是社会地位，郝敏的老公都比不上郝敏。跟闺蜜聊起三观是否相合的话题时，闺蜜却说："什么三观合不合的，咱都成大龄未婚女青年了，找个对自己还不错的男人，就嫁了吧，否则以后更难挑了。"

罗烨婷可不愿意将就。

上 篇

在罗烨婷看来,闺蜜郝敏不过是宁可选择凑合将就的婚姻,也不愿面对大龄单身带来的舆论压力。

罗烨婷却恰恰相反,外界舆论压力算得了什么,生命是活给自己的,遵从内心的想法才最重要。

对于婚后的郝敏,罗烨婷是"眼看他起朱楼,眼看他宴宾客,眼看他楼塌了"——郝敏的婚姻之楼虽尚未倒塌,却已是摇摇欲坠。夫妻双方严重不合的三观,导致各种家庭矛盾不断升级,已经到了无法忍受、不可沟通的地步。只是可怜了那不到两岁的孩子。

于是,闺蜜郝敏的不幸婚姻更是成了罗烨婷的参照镜,使得她在大龄单身的路上越走越谨慎。

三十三岁那年,罗烨婷终于开始了她的新一轮恋情。

此时的罗烨婷,在工作岗位上又迈向了一个新台阶。职位提升,薪水增加,于是,她用多年的积蓄在市区买房买车。仿佛生命中的福禄喜财全集中在那一年,冥冥之中爱情鸟也向着她飞来。

当时罗烨婷刚拿到驾照学会开车,有一天行驶在路

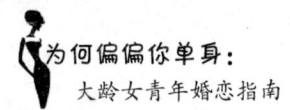
为何偏偏你单身：
大龄女青年婚恋指南

上，不小心将前面的轿车剐蹭了。对方下车后非但没跟她争吵，还反过来安慰一脸歉意又不知所措的罗烨婷。也许是彼此都有眼缘，罗烨婷主动请这位名叫缪志刚的男子吃饭以表歉意，两人就这样认识了。之后不久，缪志刚便开始频频约罗烨婷，大胆地发起爱的追求攻势。

可是一贯的矜持审慎，使得罗烨婷对缪志刚的感情在很长时间里一直不温不火。久而久之，罗烨婷发觉，自己与缪志刚在家庭观念、性格情趣等方面都大相径庭，缪志刚只不过是口头上附和自己，而内心却并不赞同她的观点。那些彼此硬撑起来的勉强与迁就渐渐地浮出水面，堆积在罗烨婷的心里，进而影响着她对他的感情。再后来，缪志刚也终于不堪事事迁就与容忍，不再依顺着罗烨婷。

两人便开始了无休止的争吵。

罗烨婷惊醒原来彼此的三观差异竟如此之大，沟通起来常常像鸡同鸭讲。也许是为了避免彼此间无谓争吵，他们除了必要的沟通之外，彼此都开始刻意地不再作其他交流。

罗烨婷的心已开始动摇。碰巧缪志刚所在的办事处将予以撤销,他准备回老家上班。缪志刚恳请罗烨婷和他一起过去,罗烨婷当然不肯。除了因为不能撇下生病刚好不久的母亲去另一个陌生城市生活,更因为双方因世界观、人生观、价值观不合导致的太多矛盾,让她不敢相信能拥有美好的未来。

于是,她选择和缪志刚分手。

多年后,罗烨婷意外地碰见了来她所在城市出差的缪志刚。缪志刚请她吃了晚饭,然后暗示她去他所住的宾馆待一会儿。罗烨婷拒绝了,她从未想过如今早已成为人夫的前男友,还会做出如此不堪的举动。

罗烨婷要守望的,是一份三观相合的真爱,只是她不知道自己的执着是否值得。

脱单攻略：

世界上没有完全相同的两个人，每个人都有自己的生活方式，谁也不必强求对方跟自己完全一样的生活要求或标准。

三观一致，并不是要求两个人的观念完全一样，而是彼此间的求同存异，能够懂得包容和欣赏。一味地执着于对方与你三观不合的那些方面，只会让你更痛苦，甚至影响到你的择友方式。

真假灰姑娘

小时候，刘思颖最喜欢听的童话就是灰姑娘的故事，灰姑娘的故事在刘思颖的脑海里印象很深。或者说，是她长大成人后，现实生活的际遇使得那个故事不自觉地在脑海里重现，并不断加工和深化。

她常常觉得自己就是灰姑娘，没有身份，没有地位。当然，刘思颖没有童话故事里那么一位恶毒的继母和两个坏心肠的姐姐。

上 篇

刘思颖的父母都很疼爱关心自己的儿女。他们均是厂里的下岗工人。刘思颖的母亲下岗后做起了环卫工,父亲则守在离家不远的某个巷口,每天帮人修鞋维持生计。可是,父亲为过往的行人修过无数的鞋子,却不能给刘思颖做一双漂亮的水晶鞋。刘思颖还有一个姐姐,早早出嫁了,和姐夫一起在菜场卖菜,无论刮风下雨,每天凌晨不到五点就得起床,从小贩手中批发蔬菜然后去市场叫卖。

刘思颖的家庭就是这样一种状况,身份的低微时常让刘思颖觉得自卑,让她恼恨自己出生在这样一个家庭里。她内心有些看不起父母,看不起姐姐,也看不起自己。可是,她的内心深处又有一股不平不甘之气,让她常常憧憬着另一种更美好的生活。她还算姣好的面容更让她不甘心过父母和姐姐那样清贫的生活。她时常想着要改变自己的命运,却不知道这命运的转折点在哪里。

刘思颖二十五岁时,姐夫曾好意将一位远房表弟介绍给她。远房表弟在街上开了一家小店,如果刘思颖同意嫁过去,每天只需守着店面打点生意就行了。碍于情面,也出于

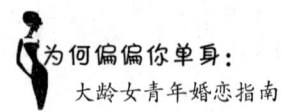
为何偏偏你单身:
大龄女青年婚恋指南

某种好奇,刘思颖答应见面,就在姐姐家里。远房表弟看上去太一般,所谓的小店不过是六七平方米的店,刘思颖在姐姐家待了不到十分钟就借口离开了。

二十六岁那年,刘思颖离开家乡跟着朋友去异乡打工。由于学历不高,人脉不广,在一个陌生的城市想谋份要职并非那么容易的事。每月的工资尽管不至于让她陷入捉襟见肘的窘境,但也没有富余。后来,不知是哪位同事无意说的一句话提醒了刘思颖:女人干得再好也不如嫁得好,结婚就是女人的第二次投胎。

渐渐地,刘思颖学会了化妆,每天都认真地描眉,上眼影,打粉底,涂口红,打扮一新地出现在众人面前。如同怀着灰姑娘拥有水晶鞋般的憧憬,她憧憬着梦想中的白马王子到来。二十七岁那年夏天,爱神开始眷顾刘思颖。他叫吴加明,也是一位外来打工者,比刘思颖大一岁。高挺的鼻梁,浓黑的一字眉,炯炯有神的双眼,加上一米八五的个头,无论站在哪里都给人一种玉树临风的感觉。如果要说般配,从外表看上去,精心打扮了的刘思颖才能勉强配得上这位不折不扣的帅哥。

怕被别人捷足先登,对吴加明暗许芳心的刘思颖很快主动出击,展开爱情攻势。有道是:"男追女,隔重山;女追男,隔层纱。"起先,性格腼腆的吴加明在刘思颖面前显得很矜持。但在刘思颖嘘寒问暖的关怀照顾里,吴加明开始招架不住了,感情的天平很快向着刘思颖倾斜。

他们的爱情引得不少同事朋友的羡慕和嫉妒。虽然是刘思颖主动追求吴加明,但吴加明并没有大男子主义,也不像有些人自恃长得帅就对其他女生花心。吴加明来自农村,身上有一种农村人吃苦耐劳和淳朴憨厚的秉性。两人在一起后,吴加明对刘思颖同样照顾有加,百般体贴。

可是,一段时间的恩爱过后,刘思颖的心态有了变化。她觉得两人之间缺少了什么,仿佛有种无形的缝隙隔在她和他之间逐渐扩大,即便吴加明对她始终未变的爱与体贴也不能将之填塞补充完全。

当吴加明正式向她提出结婚的请求时,刘思颖没有答应。她渐渐明白,自己是不可能跟着吴加明回到贫穷的乡

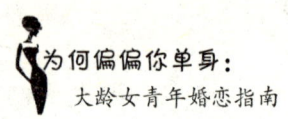
为何偏偏你单身：
大龄女青年婚恋指南

村。没有充足的物质爱情如何长久得了？她在吴加明身边越来越感受到那种物欲不能满足的寒酸与痛苦。她一直拖着不挑明，并不是担心提出分手吴加明会接受不了，而是她没有找到更好的替补。

在刘思颖近三十岁的时候，老天才给她安排了替补的那个人的到来。

他叫钱贵卓，本地人，家里也是开店的，四五个店面都是自己买的，两个租给了别人，两个自己家在开，在当地算得上是小土豪。刘思颖是在钱贵卓的店里买东西时认识他的。钱贵卓外表跟吴加明比起来，那简直就是一个地上一个天上。仿佛上苍打造了吴加明一张完美的面孔，还得打造钱贵卓这样一张有点猥琐的脸来加以对比，却又要让吴加明物质生活的单薄来反衬钱贵卓物质生活的阔绰。而对比如此鲜明的两个人却偏偏让刘思颖一人遇见。

化了精致靓妆的刘思颖被初次遇见她的钱贵卓夸成了一枝花，出手阔绰的钱贵卓盛情邀请她共进晚餐。在一种久未得到填补的物质欲望和虚荣心的驱使下，刘思颖的内心不自觉地淡化了钱贵卓平庸的外表，也早忘了还在出租屋里等她回去的吴加明。

刘思颖在钱贵卓那里享受到一顿许多菜式叫不上名来的丰盛的晚餐。临回出租屋前，两人互留了电话。当然，刘思颖向钱贵卓隐瞒了她有男友的事实。

之后，刘思颖跟钱贵卓频繁地往来。钱贵卓带她吃，带她玩，带她逛。刘思颖每次回租屋都扛着大包小包。爱人的心永远是敏感的，吴加明很快察觉到了刘思颖在跟钱贵卓来往，一向好脾气的他大发雷霆，责令刘思颖从钱贵卓那里离开，刘思颖却径直去找钱贵卓。

钱贵卓很快知道了刘思颖原来有位超帅的男友。为赢得爱情和男人的脸面，他在吴加明面前摊牌了，经济实力带来的底气让他在比自己高了一个头的吴加明面前没有丝毫的胆怯。钱贵卓感到了一种挑战胜利后带来的快乐和荣光。

吴加明跟刘思颖分手了，刘思颖搬去和钱贵卓住了。

热恋中的男女总是将对方的缺点无限度地缩小，而热恋期一过，那些隐藏起来的缺点一点一点被还原，钱贵卓猥琐

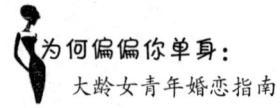
为何偏偏你单身:
大龄女青年婚恋指南

的外表令刘思颖厌恶。

有一次,钱贵卓带她去参加一位朋友的生日晚会。主持人将一位局长的儿子周鑫介绍给大家时,刘思颖顿觉眼前一亮。音乐缓缓响起时,陌生的男女开始互邀跳舞。刘思颖大方地邀请周鑫,夜色中的刘思颖温柔可人,周鑫似乎对她颇具好感。有那么一刻,刘思颖恍然觉得自己就是拥有水晶鞋的灰姑娘,而周鑫才是自己真正梦寐以求的白马王子。

晚会结束,刘思颖和周鑫互换了号码。回到家后,她巴不得时间早一点过去,那样就能早一点联系到周鑫。

第二天周鑫已主动联系刘思颖,刘思颖随便找了个借口支开钱贵卓便去见了周鑫。见面的地点是某个宾馆的大床间,刘思颖觉得有点不妥,却架不住周鑫的甜言蜜语……事后刘思颖先离开宾馆,刚走出宾馆门口,在酒店外正四处寻找她的钱贵卓一把揪住她的头发,并把她拖上了一辆出租车。

回到家后的钱贵卓气急败坏,把她的衣物全部扔了出来。

这个时候刘思颖竟还想着那个官二代,想着他是否会疼惜自己。她给他打电话,发现根本打不通。原来周鑫玩过之

上 篇

后就把她的手机号加入了黑名单。

刘思颖方才懊悔不迭,可怕的贪欲几乎毁了自己。

后来刘思颖又去了一个陌生的地方,据说现在仍单身。至于有没有过新的恋情,没有人再知道了。

脱单攻略：

拜金主义的泛滥，让人的思想变得肤浅浮躁。欲望是一口填不满的枯井，最后可能将自己也填进去。若不加以反省，就难有回头是岸的可能。

为何偏偏你单身：
大龄女青年婚恋指南

为何偏偏你单身：大龄女青年婚恋指南

完美女神，可望而不可及

"行者见罗敷，下担捋髭须。少年见罗敷，脱帽着帩头。耕者忘其犁，锄者忘其锄。"这是古诗《陌上桑》里的诗句。如果现实生活里也有如此高回头率的旷世美女，那罗珊珊是当之无愧的了。

罗珊珊是那种就算走在人群里，也会令人一眼注意到且过目不忘的绝代美女。但凡见过罗珊珊的人，都一致认同这个说法。

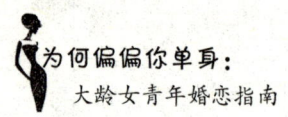

她的身材匀称高挑,亭亭玉立,额头光洁饱满,面颊丰润白皙,双目似会说话又略带忧郁、充满睿智,即便是同性也会忍不住地多关注几眼。

如果罗珊珊拥有的仅仅是高颜值,那她充其量只能算是个徒有外表的花瓶,但事实并非如此。他不仅拥有完美的身材和面貌,还拥有硕士学历,得过主持人大赛、演讲大赛、辩论大赛等多个重要奖项,可以说是一个集美丽与才智的女青年。

可以想见,在大型中外合资集团工作的罗珊珊,薪资收入肯定也不低。确实,已任高管的罗珊珊打理起公司事务来总是从容不迫、游刃有余,说她是"白骨精"(白领+骨干+精英)一点也不为过。

除此之外,罗珊珊还有着良好的家庭背景。父亲是高校的一名教授,母亲是校财务处的一名会计师。他们视这个独生女为掌上明珠,却从来不对她过分宠溺。罗珊珊很早就学会了自立,在家孝顺长辈,在外与人融洽相处。

无论从哪个角度,罗珊珊都堪称是完美女神的典范。

下 篇

可是,仿佛上天故意要跟这样一位堪称完美的女神开个不大不小的玩笑,非要给她的生活制造一点小缺憾——即将奔四的罗珊珊至今仍旧单身。

在当今社会,一位奔四的大龄未婚女青年总能引起人们的各种猜测和议论,甚至偏见、抹黑。

事物总是充满辩证性的、相互矛盾的。许多时候,优点反倒成了缺点。

在婚恋经验里流行这样一种观念:"一流的男人找二流的女人,二流的男人找三流的女人,三流的男人找四流的女人,剩下的是一流的女人和四流的男人。"罗珊珊无疑是属于一流的女人。

其实,对罗珊珊这样一个拥有良好家教,不娇气也不强势的女人来说,其实对对方的要求并不高,只要彼此有爱,能够谈得来,她是不会在乎对方的家庭背景,也不会在乎对方的学历和收入的。

然而,像罗珊珊这类的女人实在是太优秀了,优秀到让许多异性在她面前不自觉地没了底气,觉得她是那样高不可

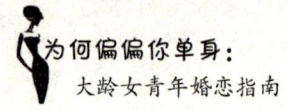
为何偏偏你单身：
大龄女青年婚恋指南

攀，因此望而生畏，失去了追求的信心和勇气。

早年罗珊珊所在的集团也不乏暗恋他的男同事，但鲜有人敢私下向她表白。偶有男同事斗胆想请罗珊珊吃饭，被其他同事知道后，往往会招来讥讽与暗笑。而他们当中更多"不战而退"的原因，是自己在罗珊珊面前不够自信、底气不足，像是高攀对方。这种没来由的错觉，让对方感到很不适。

罗珊珊也不是没有谈过恋爱。

二十八岁那年，曾暗恋她三年之久的部门经理田绪明，终于在犹豫良久后向她表白。罗珊珊经过慎重考虑后，答应了这个英俊青年的追求。

为了提升自己的能力与修养，能在学历、业务上与罗珊珊相当，田绪明也去考取了研究生，以及多个含金量很高的资格证。然而在与罗珊珊那一年多的交往过程中，争强好胜、自尊心极强的田绪明，总觉得她身上有种强大的气场将自己压制着，在她面前始终没法彻底放松。一到了罗珊珊面前，他的自信和成就感就会归零。这种感觉让田绪明的心里感到莫名的压力。

下 篇

　　罗珊珊也不是没有察觉到这些，在跟男友多次沟通无效后，她选择了分手。她只是不希望再让他感到压力，希望他能找回自己真正的轻松。

　　而离开罗珊珊后的田绪明，经过多次夜不成寐的反思，也终于弄懂了自己先前症状的根源——罗珊珊是位只可远观和仰望的女神，那个有足够实力能在气场上镇住她的高人，终究不是自己。

　　罗珊珊只有无奈的叹息。她并不需要谁来征服自己。她要的只是一份彼此平等、两情相悦的感情。然而，在她即将奔四的岁月里，这个人依然没有出现，也许很难再出现。

脱单攻略：

　　很多完美女神身边往往围着一大群追求者，其中不乏优秀精英。那为什么有的完美女神到最后却还是单身呢？完美女神貌似可望而不可即，但再完美的女神也逃不脱一颗渴望被爱的普通人的心。她若爱了，同样有颗为爱俯伏的心。

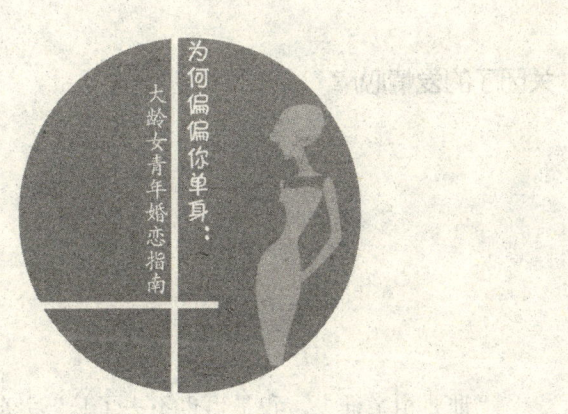

为何偏偏你单身：大龄女青年婚恋指南

关闭了的爱情心扉

"谁要相亲谁去,我是再也不去了!"尹茹菲躲进自己的屋里,重重地把房门反锁上,冲客厅里的母亲大声吼道。

尹茹菲的母亲也是急了,拍打了几下房门不见开,便在客厅对着她喊话:"你有本事就永远躲在里面别出来!都一大把年纪了,还挑三拣四的!"

"年龄大又怎么了?真是皇帝不急太监急!我这辈子就这样了!谁也不嫁!"尹茹菲顶听见"一大把年纪"几个字

下 篇

感到特别刺耳。听见母亲还在客厅叨叨,干脆拿起耳塞将耳朵堵住,将音乐的音量调到最大。

母亲对她下了"最后通牒",在她三十五岁之前一定要完成结婚这桩大事。要不就算以后找着了,可年龄不饶人,生孩子都危险。这两个多月来,尹茹菲上班之余几乎都被母亲逼着相亲,在那些七大姑八大姨和邻居熟人的引荐下,不得不与五六位相亲对象见了面。

他们之中有几位似乎对自己印象还不错,可尹茹菲却对他们基本无感。她痛恨这种目的性太过明显的相亲方式。

记得前几年,尹茹菲还敢跟母亲开玩笑:"妈妈,就让我留在你和爸身边,给你们养老送终不好吗?"母亲就会笑道:"好好好,你就留在家里变成老姑娘吧!"

晚饭时间到了,尹茹菲仍躲在屋里没出来。尹茹菲的母亲又过来敲门。当然这会儿母亲的语气已由先前的威严凌厉变得轻声慢语了。

尹茹菲的肚子饿得有点咕咕叫,仍倔强着一直躲在屋里。尹茹菲与母亲近期的关系一直僵持着。她不吃母亲这

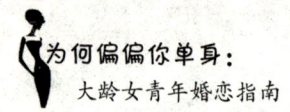
为何偏偏你单身:
大龄女青年婚恋指南

套,母亲已习惯了对自己恩威并施。她知道如果自己听了话乖乖把门打开,待坐到餐桌前,饭吃到一半时母亲又会把"相亲"二字重新提起。她只有耐心等待明天,明天一早起来去上班,耳根就清净了。

次日清晨,尹茹菲比以往提早一小时起床。天蒙蒙亮,以免被隔壁卧室的母亲发现,尹茹菲连灯也不敢开,蹑手蹑脚地从床上爬起来,悄悄摸到盥洗室刷牙洗脸,神不知鬼不觉地溜出了门。

尹茹菲上班的地点离家仅六七分钟的车程,步行过去也不过二十来分钟。除了雨雪天气她都会步行上班。

尹茹菲上班时要经过一个休闲公园。那天,她远远瞥见公园那座假山旁的长椅上有对男女依偎在一起。许多年里,无论清晨抑或傍晚,尹茹菲已无数次瞥见过那条长椅上有男女依偎在一起的情景了。

前些年,尹茹菲还有点羡慕他们,还偶尔幻想过某一天的清晨或傍晚,坐在那长椅上的人是自己和那个心仪的他。可是现在,她的幻想早湮灭了,对那些恋爱中的男女也

下 篇

几乎毫无羡慕之意,不嫉妒,也不排斥、不厌恶。

对于那遥遥无期的爱情,尹茹菲越来越有种麻木之感。

随着时日的流逝,那以为会固化在内心的焦急感却不知何故终于悄悄地退却直至虚无了。取而代之的,是一种类似伤疤结痂后再没有任何灼痛感的木然。尹茹菲的爱情心扉仿佛不知何时早已悄然关闭了。

在公司里忙了一整天工作,一天很快过去了,尹茹菲又向大龄未婚女青年多迈了一天的步伐。通常公司里每个月都会遇到有加班的情况,那是许多人都讨厌的,可是尹茹菲是多么盼望公司今天能有加班。她不想那么早回到家面对为她的婚事过分操心的母亲。可是下班后公司里不能多逗留,她只好慢慢往家的方向走。

尹茹菲没有急着回家,转身一个人去了家看上去装修还不错的餐厅点了两个菜,不紧不慢地吃了起来,吃完后又慢慢地散步回家。

第二天尹茹菲起床的时候,母亲也一大早起来了。母亲告诉她,姨妈的女儿,也就是比尹茹菲小八岁的表妹,这周

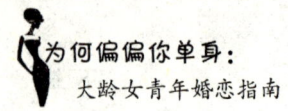

末要举办婚礼,问她有没有空去参加。

尹茹菲提高了嗓音随口说:"去啊!干吗不去?"她已经不在意在表妹的婚礼上遇到其他亲友问她个人问题这件事了。

尹茹菲到公司忙完手上工作后,便利用空闲时间悄悄在网上给看租房房源。原本她是想租个房,跟家人分开住,也能少些矛盾,后来想想还是打算买套房,最好是装修好的,能直接拎包入住的。反正十多年的工作积蓄,交一套房子的首付绰绰有余。

表妹的婚礼尹茹菲还是未能参加,她找了个借口说公司加班,就把母亲支开了。不是要故意躲开婚礼,而是她看好了一套八十平方米精装修的二手房,那天得去签购房合同。为了避免不必要的麻烦,她准备先瞒着父母,等拎包入住那天再告诉他们买房的事。

购房事宜进展很顺利。直到拿到新钥匙的那天,尹茹菲破例早下班回家,然后平静地告诉父母已买房将搬出去住的事。

下 篇

尹茹菲的母亲一开始很是惊讶,责怪她买房这么大的事也不跟父母商量,然后便是伤感,她终于意识到,做父母的是真的替女儿做不了主,更无法强迫。

次日,尹茹菲领着父母去看新买的房子。房子结构不错,地段也很好,只是做父母的心里总有股说不出的滋味,对女儿感到愧疚。

尹茹菲能猜出母亲的心思。可是,她想,婚姻大事是不可强求的,该来的总会来的。

脱单攻略：

　　有的大龄未婚女青年，爱情心扉暂时处于关闭状态，她们对爱情产生了麻木心理，认为反正结婚也晚了，就慢慢拖着吧，对自己的婚姻大事更不着急了。

　　爱情是美好的，人世间最美妙的感觉莫过于爱的感觉。再大龄也要积极相信一切都会慢慢好起来的，只要有心，就不会错过爱情，爱一定会眷顾每个人。

为何偏偏你单身：大龄女青年婚恋指南

站在了爱情的死角里

十多年前,朱丹霞离"大龄未婚女青年"这个词还有很大一段距离。那时的她压根儿没想过未来的自己会与这个词产生了联系。

十多年前,她正在恋爱,她以为除了那个叫董浩明的男人,这辈子不会去爱别的男人了。

很多人说,要趁年轻多恋爱几次,才不枉来人间潇洒走一遭。可是,朱丹霞从不这么认为,她觉得两人之间纯粹的爱情，由最初的春心萌动到激情退却后的相濡以沫，远胜于那一段段有始无终的激情迸发。

她和董浩明相识的时候还不到二十五岁，两人相恋了整三年。三年的岁月，的确将他们最初的激情快磨没了。可朱丹霞却不以为然，她认为再浓烈的感情也终归会平淡的。她单纯地以为他们彼此间还有道义和责任，固执地相信自己日后会跟这个男人水到渠成地步入婚礼殿堂。除此，她从未想象也无法想象生命里还会有别的爱情，别的生活方式。

可噩梦般的那天还是来了，而且来得毫无征兆。

就在他们恋爱三年之后的某天清晨，在他们一起住的出租房里，董浩明一大早便开始收拾衣物，面无表情地用冷冰冰的语气跟她说："我们分手吧。"

朱丹霞听了懵了老半天。"什么？什么意思？"

"有必要问我吗？难道你不觉得厌倦吗？"

朱丹霞迅速想了一下，隐约明白他要分手的原因了，但是她不甘心，她没想到她所认为的顺理成章的平淡却成了他已无法再忍受的厌倦。彼此在一起这么多年，怎能说分手就

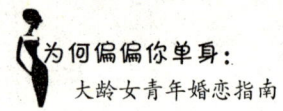
为何偏偏你单身：
大龄女青年婚恋指南

分手？

董浩明甚至都不愿做过多交流，迅速地在她眼前彻底离开了。朱丹霞自以为稳固不变的情感，突然间失去了归宿。

这一分手，使朱丹霞猝不及防地归入了大龄未婚女青年的行列。

朱丹霞的父母担心她会想不开，便让女儿搬回家一起住，甚至一度特别留意她的一举一动，以防她做傻事。

经过一年多的时间，朱丹霞已渐渐从情感的失意里恢复了过来，想通了自己与董浩明之间存在的问题，也就对那段感情不那么留恋了。

朱丹霞是个传统型的女人，内心一直信奉"男大当婚，女大当嫁"的婚姻观，所以对自己的婚姻大事十分焦虑。眼看着自己的年龄越来越大，可真正的感情寄托又在哪里？

实在拗不过父母和几个知心好友的劝诫，三十二岁的朱丹霞在一家婚恋公司交了五千元会费，办了一张会员卡，公司承诺在三个月内可以提供十多次相亲机会。

下篇

可是，当朱丹霞走进相亲市场，像参加求职面试一样与几名前来相亲的男士面对面聊天，不免有些尴尬，心里不由地打起了退堂鼓。

她受不了对方看自己时的挑剔眼神，也受不了在每次相亲时的开场白里，像背诵宣传册似的把自己的年龄、身高、体重、职业、收入等信息告诉对方。

两三次下来，朱丹霞便再也不愿踏进那家婚恋公司，像木偶一样去听从他们的相亲安排了。她试着与他们沟通，想将交出去的会费退回一半，无果，那笔会费只当是打水漂了。

这样一番折腾，给朱丹霞原本低落的情绪又平添了几分悲观。好在朱丹霞的父母都是开明之人，他们尊重女儿的选择，对于女儿不愿意做的事情，他们也不会过多干涉或勉强。而父母的开明和理解，让朱丹霞更为自己的感情大事感到羞愧。

而只有投入到工作之中，朱丹霞才能暂时忘却个人之事的烦恼。她的精力仿佛全都集中到了公司，且每每得心应手，游刃有余。

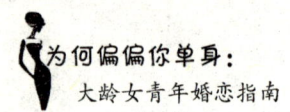
为何偏偏你单身：
大龄女青年婚恋指南

以前朱丹霞的工作业绩在单位只能算中上，而现在总是名列榜首，仿佛有点失之东隅收之桑榆的意思。她成了单位骨干，受到了领导的重用、同事的尊敬。然而，朱丹霞的内心却并未因工作成就而开心。

有一天天气很沉闷，朱丹霞没有像往常一样乘公交回家，她想散散心，就在路上慢悠悠地往家走。

没过多久，天空突然下起雨来，继而雨越下越大。周边的人都在沿路躲雨，可是朱丹霞似乎全然不觉地在雨地里慢悠悠地走。此刻，她终于找到了发泄的出口，任泪水随着雨水一道流下。

就在这时，一辆私家车在他身边停下，像电影里才有的场景一样，车窗摇下一半，里面一个男人的声音喊道："有什么想不开的？来，赶紧上车！"

朱丹霞刚反应过来此刻在下大雨，便犹犹豫豫地坐进了车里。

原来这位名叫赵耀廷的车主认识朱丹霞，跟她住同一个小区同一栋楼，他的单位离朱丹霞的单位也就两站地的

下 篇

距离。

他也没问朱丹霞为什么流泪,只是自顾自地讲了些"每个人都会遇到不顺,关键是要乐观面对"之类的安慰话,还说最近他也特烦呢,父母也天天在家里数落自己,三十多岁的人了,还没成家呢。

下车的时候赵耀廷告诉朱丹霞,反正上班是顺路,以后想搭他的车随时可以联系。此后的近一个月,朱丹霞的确有好几次在小区门口遇见他,于是就大方地"蹭"他的车上班。

经过几次聊天,朱丹霞渐渐局的,赵耀廷的出现让她的心里掀起了一阵阵的涟漪,是她近年来难得的在内心感到隐约光亮的时刻。然而,还根本等不及这丝光在心里完全扩散,一件事情就将她内心的那丝光亮重新归于黯淡。

那天,她上了赵耀廷的车后才发现副驾上还坐着位女士。赵耀廷介绍说,这是他女朋友,下个月准备结婚,要不双方家长非催死他们不可。朱丹霞"哦"了一声,内心刹那间一片空白。

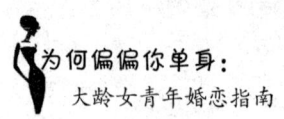
为何偏偏你单身：
大龄女青年婚恋指南

当晚，朱丹霞开始失眠。这之后，朱丹霞好几次出门时远远看见赵耀廷开着车出小区，便有意避开。

又一个多月后，某天清晨，小区里传来一阵清晰的爆竹声。她从窗户望去，见隔壁单元楼下好多辆装饰一新的迎亲车正待出发。

朱丹霞很害怕看到迎亲的队伍。他们幸福快乐的场景，更让她联想到自己如此大龄却未成婚的不光彩。她觉得自己已是完全站在了爱情的死角里无法动弹，爱情的阳光很难再照耀到她的身上。

脱单攻略：

　　有的大龄未婚青年由于恋爱的挫折而产生自卑感，有的则认为自己青春年华已过，感觉自己年纪大了还没有结婚是件不光彩的事，对婚姻产生悲观心理，认为自己处在一个爱情死角，找不到阳光。

　　有句话说："你的前面有阴影，是因为你的背后有阳光"。大龄女青年自以为是站在爱情的死角，其实不过是将困境夸大了的自我设障。这时，不妨鼓起勇气转个身，也许，阴影就到了你的背后，迎接你的便是阳光。

为何偏偏你单身
大龄女青年婚恋指南

一朝被蛇咬,十年怕井绳

那天原本是一个美好而舒适的夜晚。

晚上九点半,繁华都市的夜幕里仍四处闪烁着色彩斑斓的霓虹灯,空气中飘溢着令人舒畅的祥和气息。因为公司临时有事,作为销售公司主管的黎咏梅提前两天从外地出差回来。从上火车到下火车,黎咏梅一路不停地接打同事的电话,好在这会儿交代完了事情,总算清净了一些。

她边看着街边店面关门打烊,边健步如飞地往家赶。由

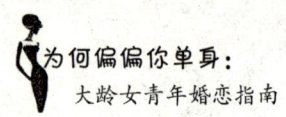
为何偏偏你单身：
大龄女青年婚恋指南

于一直在忙，黎咏梅还没来得及把自己提前回来的事告诉她的未婚夫程旭。

黎咏梅和程旭相恋四年，同居半年，程旭一直对她呵护有加，两人打算国庆节结婚。现在的住所即是他们的婚房，是由两人一起交的首付，一起还贷款。程旭在一家装潢公司做经理，她是销售主管，两人待遇都不错。万事俱备，只欠等婚日。

此刻黎咏梅看到手机电量不够，心想算了吧，还是别打电话了，这个时候程旭应该在家，正好给他一个惊喜。

走进小区的时候已经快晚上十点半了，黎咏梅走到楼下，隐约看见住所的卧室亮着微弱的灯，心想程旭应该还没睡着。

于是黎咏梅拨通了电话。

程旭在电话里温柔地问："亲爱的，还没睡呢？"

"没呢，你也没睡？"

"快睡了。这会儿打电话来，想我了？"

黎咏梅"扑哧"一声笑了："我回家了呢。"

下 篇

"你说什……么?你……回来了?"电话那边传出程旭极其惊讶的声音。

"是啊,都已经到楼下了。"黎咏梅笑道,"好了,手机快没电了,挂了啊。"

走到三楼的时候,她听见楼上有人"咚咚咚"快速下楼的声音。一位和自己年龄相仿的披散着长发的女人疾步下楼来,与她在四楼拐角处擦肩而过。那女子见到黎咏梅时,似乎有点慌张,旋即低下头去,飞快地奔向楼下。

黎咏梅觉得有点奇怪,这女人平常没见过,不像是本单元的,大晚上的走这么急干吗呢?黎咏梅也没来得及多想,到了六楼,开始敲门。门开了,程旭穿着睡衣微笑地出现在她面前,然后一把抱住她:"怎么今儿回来了?想死我了!"

黎咏梅笑着推开他道:"你今晚怎么这么早就准备休息了?"

"这段时间我也挺忙的。今晚休息早了点。"程旭说。

"上床去吧。我累坏了,先去洗个澡。"

黎咏梅去浴室洗完澡,然后换上睡衣走进卧室。程旭已

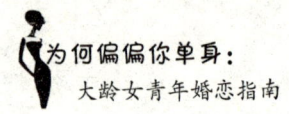

躺在床上了。黎咏梅伸手去整理被子,突然看见一双陌生的女士丝袜,是她从未买过的款式。

她一惊,霎时间一团疑云笼上心头。她越想越觉得不对劲,索性拧亮床头灯,质问程旭这袜子是怎么回事。

程旭笑道:"亲爱的,你怎么了?忽然变得疑神疑鬼的?"

黎咏梅敏感地察觉程旭微笑的脸上流露出一丝不易觉察的慌乱,但很快镇定自若。她看着眼前这个与自己相亲相爱了四年的男人,觉得这一刻竟是如此陌生。这会儿她才回想起刚才在楼道里与自己擦肩的女子为何那般神色匆匆,回想起程旭在电话里听说自己要回来时那种异常的惊讶。原来在自己下火车一路往家赶的时候,家里正上演着一幕丑剧。

"你老实告诉我,在我来之前你做了什么?刚才那个匆忙下楼的女人是谁?"

"我做什么呀了?咏梅,你到底怎么了?"程旭装作很无辜的样子,"你可别乱诬陷我啊。"

你就装吧!黎咏梅在心里轻蔑地想。她亲见过很多次程

下 篇

旭在她面前给他的上司和下属打电话欺瞒某件事时一套一套说辞的。黎咏梅太了解这个男人了,只是没想到他到头来会背叛自己!她这会儿多懊悔刚才不该给他打电话,而应该直接堵在家门口!

黎咏梅简单收拾了下衣物,转身冲出了家门。

后来程旭几次电话道歉求谅解,黎咏梅都心如死灰,二人自然而然也就分手了。关于他们一起按揭的那套房产事宜,黎咏梅找了一位亲戚去协商解决,她不愿意再见到他。

之后很长一段时间,黎咏梅都无心上班,工作业绩也直线下降,索性辞职,去各地旅游散心了一段时间。

似乎有两三年的时间,黎咏梅活在程旭带来的阴霾里走不出来。好在时光终归是医治心灵创伤的最佳良药。

三十四岁的那年秋季,黎咏梅认识了生命里另一个重要的男人谭斌,是一名建筑设计师。经历了前次感情的伤痛,黎咏梅对再优秀的男人也不会轻易交心了。

对于谭斌的主动进攻,黎咏梅花了半年多时间去了解对方,心理防线才一点一点地瓦解。三十五岁生日那天,黎咏

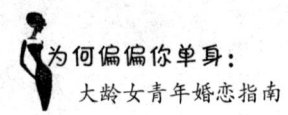
为何偏偏你单身：
大龄女青年婚恋指南

梅正式接受了谭斌的感情；而在三十六岁那年，两人也顺理成章地准备谈婚论嫁了。

可是偶然发生的一件事，又让黎咏梅陷入了困惑。

也是某次出差提前回来，其实才不过晚上九点，黎咏梅在住所楼道里看见一位陌生女子匆匆下楼，突然被闪电击中了一般浑身发抖。她害怕那不堪的一幕又发生在谭斌身上，但仔细想想又不对，自己并没有提前告诉谭斌要回来。她忐忑地用随身带的钥匙打开门，瞥见谭斌正在书房聚精会神地对着电脑绘图设计。由于太专注，谭斌都没发现她突然回来。

"吓我一跳！怎么提前回来都也不说一声？"

黎咏梅悄悄环顾着屋里的一切，用了好几秒钟的时间才判断出是自己错怪了他，但内心却暗自多长了份心眼儿。以后，每逢黎咏梅出差，她都故意把出差时间说错。

即使不出差，黎咏梅也要骗谭斌说去外地，而其实黎咏梅只是偷偷地住在附近酒店，以备择时"回家"。当然每次她都扑了个空，她也不得不编造一套谎言来应对谭斌对她的

下 篇

疑惑。

这样的假出差持续了半年,终于被谭斌察觉。最后谭斌不告而别,黎咏梅懊悔不迭,才知道自己做了多么荒唐的事!

如今的黎咏梅仍孑然一身。已到不惑之年的她,不知道自己的恐惧和神经质什么时候才能消失,不知道自己的生命里是否还能遇到真爱。

脱单攻略：

"惊武之众易动，惊弓之鸟难安。"受过的伤难免会困扰着人的心，以致无端地将疑心转嫁给无辜的人。长期的怀疑，不仅给双方带来苦恼，还会导致情感崩盘，贻误了对方，也贻误了自己。

其实，这种阴影完全不必压抑藏匿，与所爱的人作一次开诚布公的交流，或许可以更拉近彼此的心，即便对方不能谅解，自己也能获得心灵的缓释，驱散长久的阴霾。

为何偏偏你单身：
大龄女青年婚恋指南

阴魂不散的梦魇

清晨,她骑着自行车去上班。

头晚下过暴雨,地面到处可见潦水的痕迹。她小心行驶着,经过一个巷口时,她发现那里聚集了很多人。还有好几名警察也在那里,有人在做记录,有人指着某个墙角比比画画。她从旁边几个人的议论里明白了怎么回事。

原来,就在昨晚半夜下暴雨的时候,这个巷子里发生了一起奸杀案。

下 篇

她没敢听完事情的原委就赶紧骑车逃了出来,铆足劲骑到单位门口才敢停歇一歇。

多像那场梦魇!——人们的议论又把她拉回到多年前的那场梦魇。

那年她在异地打工,十六岁,正是花样年华的年纪。也是一个暴风雨之夜,已近凌晨她才下夜班,撑着雨伞在倾盆大雨里跑回家。走到巷子深处时,一辆轿车从后面缓缓开来,强烈灯光混合着暴雨照得积雨的地面煞白。

车灯很快暗了,那辆车忽然在她身边停下,车门被打开,她还没来得及反应是怎么回事,整个人忽然被一只铁钳一样的手拽上了车,然后她嘴里被塞上一团棉花……她始终没看清那人的模样,过了几分钟,她衣衫不整地被推下车,随后那辆车加大油门扬长而去。

她好几次想报警,可是她连那人长什么模样、车牌号是多少都不清楚,而且她怕报了警非但抓不到那个流氓,还会被同事朋友知道这件事。

她只有选择隐忍,当作什么事都不曾发生。她甚至每天

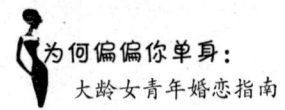

为何偏偏你单身：
大龄女青年婚恋指南

继续穿过那条巷子去上班。可每次经过巷子时，她都会害怕得发抖。身旁的车辆来来往往穿梭而过，她下意识里就会想到那个流氓司机，如果能确定他是谁，她定会冲上去跟他拼个死活。

终于她支撑不住了，没多久便辞职回家乡了。

整整十年过去了，十年来，她努力地想要去忘记那不堪回首的一幕，可是那晚发生的事情嵌在她的脑海，像一枚图钉牢牢楔入了坚实的墙壁一样，任你如何努力也无法从记忆里拔出。十年来多少个夜晚她重复着可怕的梦魇，那个暴雨夜总是不定期地侵袭着她的睡梦，无数次在黑暗中惊醒吓出一身冷汗。

十年来，她不知诅咒过多少回那个司机。

后来，她慢慢留心电视和报纸上的新闻，起初她只看本城市的新闻，后来她留心全国的新闻。每次看到关于交通事故肇事司机车毁人亡的新闻，她就希望是那个司机，竭力假想着那个人会在某场车祸里死掉。

长期暗自的诅咒并不能让她的心灵得到解脱，她想转换思维方式。

她试图宽恕那个流氓司机,假想着他其实是个老实巴交的好人,只不过那晚因一时冲动而做下了愚蠢荒唐的事。也许,十年来,他也一直愧疚后悔,一直背负着良心的债而整日惶惶不安。果真如此,那么,她想她最终会宽恕他,从而也宽恕自己,救赎自己。

很长时间她试着用这种方式为自己疗伤,好像还真有效果。她也努力让自己投入到积极阳光的生活中来。

在她二十九岁那年,家里托人为她介绍了一名男士。

男方比她大一岁,无论长相还是工作各方面条件都非常不错。两人见了面,彼此都比较满意。她头一次品尝到了爱情的甜蜜。那段时间,她和他每天下班都相约在她家附近的小公园里散步。两人谈工作,谈生活,谈他们美好的未来。

那个梦魇仿佛惧怕了人世的爱情,自动沉降了下去,隐匿在她的内心深处,不再掀起波澜。

可是,她是个对感情忠诚的女子,不想向心爱的人隐瞒自己曾经有那么一段难于启齿的过往。本来这件事她想瞒住

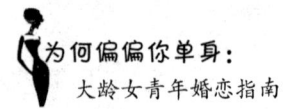

所有人,她觉得他是个品格优秀的男人,如果告诉他,他应该会原谅自己。更何况原本不是自己的错,自己是受害者。

于是,在一个落日尚未褪去的傍晚,她和他牵着手走在公园里,犹豫良久,她终于认真地对他说:"有件事要告诉你,我想你一定会原谅我。"

他笑道:"什么事啊,这么郑重其事?"

她说:"你一定得原谅我,我才说。"

他笑道:"好好好,有什么不可原谅的。"

于是她颤抖着讲述了那段过往,只是简短几句话,可是说出口却特别吃力:"我十六岁那年……下晚班……在半路上……被流氓……拖到车里……他……把我……占有了……"

她说完这句话后,在他面前低垂着头,等着他说话。待她敢抬起头看他的时候,她发现他惊讶得一直瞪着眼睛望着她。

"你说的都是真的?"半晌他说。

她很轻地点点头。

他又沉默半晌,接着仰天发出一连串的大笑:"哈哈哈哈哈……"

他的笑令她感到脊背发凉,汗毛倒竖。接着他很小声地说:"过去的事,就别提了。"

那刻她心里对他充满了感激。

然而,她发觉他并没有像他所说的那么大度。

渐渐地感觉他在疏远自己,和她在一起时他对她越来越客气,越来越生分。终于有一天,他们如往常一样散步时,他说:"对不起,我实在承受不下去,我们分手吧。你放心,你以前的事我绝不向别人提半个字。"

她呆呆地看着他的背影越走越远,她感觉到自己的心越来越沉。

有一整年的时间她都沉浸在失恋的打击里。

人是很奇怪的动物,当一种痛苦侵蚀的时候,另一种痛苦就暂时给压下去。她因为失恋的打击让那段不堪回首的过往暂且压制在了心底,当她终于从那段失恋中走出来时,那可怕的如梦魇般的过往又重新占据心头。有时她在路上看

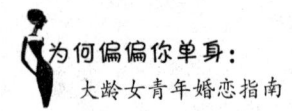

为何偏偏你单身：
大龄女青年婚恋指南

见有人窃窃私语，会莫名其妙地害怕，怕自己的过往被人得知。她还怕最终抛弃了自己的那位恋人会食言，会将自己的事说给外人听——她恨自己为什么不能保守住自己的秘密。

她内心充满了自卑，每天无精打采。有一阵甚至想到轻生，可是想想又不甘心。生命的路还那么长！

她还是会下意识地留心报纸上和电视里的新闻。

有次她在报上看到一则新闻，说是半夜有个过路的女子碰到一个流氓，当流氓把她按倒在地上时，发现那女子奇丑无比就将她放了。她想假若自己奇丑无比，或许也能有那般幸运逃过一劫；假若她是位殊世佳丽，那么也许会获得世人的同情；可是自己只是个普通的女子，如果能除去命运时光里那短短的十来分钟，生活原本是多么美好啊。

在她三十二岁那年，家里又托人为她介绍了位对象。她本来毫无心情，但经不住家人恩威并施地劝说，只好答应了见面。

她不是挑剔的人，何况自己的过往让内心一直感到自卑的她无从去挑剔，只要人品还不错，其他都可以不必考虑——

下 篇

可是，如何界定人品呢？是不是完美的人品就须得来包容她的那样一段过往呢？

那位男士有过短暂的婚史，家境不错，没有小孩，对她的初次印象也比较满意。于是她又开始了她的新一轮恋情。因为前一轮感情的教训，她在心里告诫自己，为了自己的爱情及至以后婚姻的幸福，她得让那个除不掉的梦魇永远地留在内心的最底部，永远不再向任何人提起。

他是跑运输的，闲暇时常常开着他的那辆面包车到附近景区转悠。那一天，她坐在副驾驶座里被他带到了一个无人的湖边欣赏湖景。不一会儿天空淅淅沥沥下起了雨，他们只好重新坐回车里。他抱住她，亲吻她，她没有拒绝，他开始用手撩她的长裙……

她像触电了一样猛地掀开他的手。他停下，看了看她笑道："怎么了？我们都不是年轻小孩子了，还这么害羞？"

她觉得自己可能有点过分了，没有吱声。

她听见车外的雨声越下越大。他笑着，继续刚才的动作，又开始撩她的长裙。那种触电般的感觉让她的心感到一

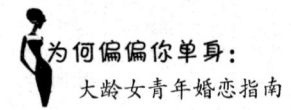

为何偏偏你单身：
大龄女青年婚恋指南

阵战栗，多年前的那幕如梦魇般的场景仿佛就在这刻重新上演。她再次猛地甩开他的手，然后推开车门，冲向了雨中。

她淋着雨一口气跑回家里。等她平息后，才知道自己刚才做了件多么愚蠢的事。可是她也明白了，那个可怕的梦魇阴魂不散地跟定了自己。

她的第二次恋爱就这样结束了。

平静的日子像潺潺的流水一天天过去。可是，在看似平静的日子里，她的内心从来没有平静过，她怕被人知道真相，她在背负梦魇的同时又背负失恋的打击。眼看着第三个本命年又即将走到尽头，她不知道自己还能否走出那可怕的梦魇！

脱单攻略：

　　这种梦魇的确可怕，但生活还得继续，不能因非己之过的痛苦折磨自己一辈子，甚至由此不敢接受恋爱和婚姻。过去的痛苦如若沉淀，实则并不会对现今的生活带来多少冲击，当然这需要强大的定力。

　　坦诚的品质固然可贵，有时对着一个树洞诉说秘密效果未必更坏，但在不能把握恋人承受力的情况下，没必要让他背负不必要的思想包袱。

为何偏偏你单身……
大龄女青年婚恋指南

"嫁"给了工作

我忙于摇醒火把

我忙于雕塑自己

我忙于擂动行进的鼓钹

我忙于吹响迎春的芦笛

我忙于拍发幸福的预报

我忙于拜访真理的消息

我忙于把生命的树移植于战斗的丛林

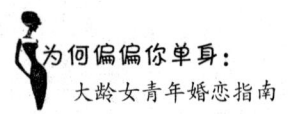
为何偏偏你单身:
大龄女青年婚恋指南

我忙于把发酵的血酿成爱的汁液

……

方晴已想不起把《我是忙碌的》这首歌设为手机闹铃是有多久了。说实话,她只是喜欢歌词,并不是特别喜欢旋律,以前用作闹铃的《夜归人》旋律更好听:

灯下伊人守着孤独的灵魂,

一碗热汤已经渐渐的变冷,

陪着她的只有嘀嗒嘀嗒的钟声……

对于方晴来说,这两首歌都算是她自身的写照,只不过《夜归人》反映的是她的内心,而《我是忙碌的》更接近她日常的生活状态,或者说是工作状态。她的工作几乎就是她的生活。

方晴是百盛商场洗化区的主管。商场工作制度是两班倒,早班从上午七点到下午两点,晚班从下午两点到晚上九点半。当方晴还是理货员和领班的时候,每天都有半天时间任自己支配,可自从当上主管,整个人简直就像嫁给了商场。她很多次的早餐都是在公交车上应付的。她刚来商场上

下篇

班时还不到三十岁,从一名普通的商场理货员升为领班再升为主管,时间不知不觉已过去十来年,可是自己都是奔四的人了,至今仍孑然一身。

方晴也不知道为何自己变成了大龄未婚女青年。

她并不是独身主义者,和她的下属——那些未婚的女员工一样渴望爱情,期待婚姻。

她总在忙,不停地忙。方晴经常是早上七点赶来给洗化区员工开例行晨会,傍晚总是忘记下班,有时甚至拖到商场打烊才带着一身疲倦回家。她觉得自己像个陀螺,商场的杂事就是不停抽打着自己高速旋转的皮鞭。

"我的手机二十四小时都会开着,洗化区有什么事,你们可随时向我汇报。半夜有急事给我电话,我也会接听,不用担心影响我休息。"

这是方晴在晨会上经常说的话。

多年来,她已形成了保持手机二十四小时畅通,随时准备处理自己片区、处理员工各种问题的习惯。这么多年里,她的热情全献给了工作,献给了她那些成家的、未成家

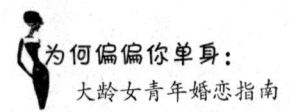

为何偏偏你单身：
大龄女青年婚恋指南

的女员工。在商场，她是她们的上司，纪律严明，奖惩分明；可下班后，她希望自己是她们情同手足的姐妹，可以与她们毫无隔阂地畅所欲言。对于一位奔四而情感生活还是一片空白的女子，会自然而然地加重友情的砝码。

方晴偶尔在下班后被员工常萍邀请到家里玩，当然每次同去的还有好几位不当班的同事。大家一起打打牌，聊聊天。只有这时同事们才敢短时间地忘记方晴的上司身份。可常常就在大家玩在兴头上的时候，她的手机铃声突然响起——"你跟你们老板讲，那个洗发水明天再不加货我就给它下架了！"

"你那个牙膏库存还有多少？记得赶紧调出来！"

……

方晴的母亲知道她在下属家里玩，每每都要数落她："你没事别老跑人家里去，人家都有家有室的，要带孩子，要洗衣做饭，下班了还得来招待你。你老大不小的，也该多考虑考虑自己的事啊！"

方晴怎么可能没考虑？尤其是近几年，每天晚上躺在床上时，那种独守空房的孤单感便会从四面八方袭来。

方晴曾有三次机会与人牵手。

第一次是在未满三十岁时，有人给她介绍了一位中学老师，那时她还只是一名理货员。由于两人的休息日重合不到一块儿，有一次那位老师没打招呼就跑来商场找她，引得周边的同事窃窃私语，品头论足。方晴那时是个工作狂，工作的时候不喜欢被打扰，所以当着同事的面毫不客气地就把那位老师"轰"出了商场，后来两人就断了联系。

还有一次是在她三十二岁那年刚升为卖场主管的时候，商场保卫科新聘来了一位大队长。两人是在公交上认识的，大队长本以为方晴有家室，后来得知她是单身，便主动追求她。刚开始方晴对他并无特别好感，但大队长却对她殷勤有加，终于使方晴对这位资质平平的大队长动了心。

百盛商场规定不同部门普通员工之间可以正常恋爱，但管理层之间恋爱是不被允许的。方晴只有在商场关门后才能和大队长偷偷约会。这样的地下恋情对两人来说都是紧张而不稳定的。因为刚晋升，方晴对于工作的热情似乎更胜于感

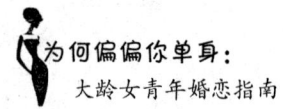
为何偏偏你单身：
大龄女青年婚恋指南

情。每晚下班后，带着仓促、疲倦和草率的约会让方晴渐渐感到了负担，于是约会次数渐渐减少。在一次主管级领导会议上，经理就商场管理层之间最好不要出现恋爱的情况进行训话时，认为在影射自己的方晴便下定了和大队长分手的决心，失意的大队长则选择了辞职。

三十六岁那年，方晴经人介绍认识了一位离异的生意人。生意人各方面条件都不错，外表看上去像位儒商，且没有小孩，只是平时比较忙。两人晚上约好一起散步、聊天，可对方的手机总是不合时宜地响起来，方晴便耐心地等待。两人的约会几乎有三分之一的时间被男方的工作电话所占据。久而久之，方晴在生意人的微词里敏感地窥出自己在他心中的重要性。于是这段感情也终以各自忙碌为借口而结束。

之后方晴便将自己所有的热情投进了商场，投进了工作。她觉得婚姻是一个遥远的梦，忙碌的工作让她无法分神去触及。尽管夜深人静的时候，那种空落的感觉常常袭上心头，但她学会了用睡梦将这种孤单掩盖。

脱单攻略：

　　印第安人有句谚语：别走得太快，等一等灵魂。社会的飞速发展导致当今人生活节奏越来越快，许多单身女性像一个个高速旋转的陀螺，在川流不息的城市匆匆奔忙。可如果我们的忙碌挤占了我们心灵的愉悦舒适，挤占了我们对于感情的追求，那么忙碌就失去了意义。

　　再忙也别忘了停下脚步，让灵魂适度休憩，让事业与感情都能双赢。

为何偏偏你单身……
大龄女青年婚恋指南

只做周末恋人

周末傍晚五点半,林溪梦从公司下班,一个人在附近餐馆点了份黄焖鸡米饭。她常来这里用餐,且喜欢选择靠近窗口的六号台位置,因为还可以凭窗远眺华灯初上的都市美景。

走出餐厅,外面的街市早已灯火通明。街道边栽种着成排的广玉兰,那种馥郁的香气令她心情振奋,甚至有些迷醉。

她将盘在脑后的发髻解开,让长发随意地披散在肩头。一阵晚风吹来,长发随风飘舞。这样的放松状态在平时

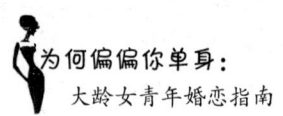

为何偏偏你单身：
大龄女青年婚恋指南

上班期间是难以实现的。是的，每天都是忙碌的工作，唯有这样的周末才是真正属于自己的时光。

公司离住所只有四五站的距离。平常她都乘公交车上下班，但周末下班时她会选择坐计程车。回到家换上拖鞋，把手提包扔在沙发上。她在沙发上休息了会儿，然后起身走向浴室。沐浴后褪去雕饰的林溪梦，更显出几分天然的妩媚。

她往身上喷了点香水，然后从手提包里取了块口香糖放进嘴里——她做这些都只为白天明的到来。他们已经半个月没见面了，上周白天明去外地出差，本来计划今晚赶过来陪她一起吃晚饭，不巧中途来了客户，只能陪客户吃完晚饭再过来。

通常，林溪梦与白天明只在每个周末见面。其实两人完全可以搬到一起住的，但林溪梦不愿意。她有意让自己和白天明保持一点距离。太远容易疏远，太近容易情尽。适度的距离能产生美，适度的距离会拉伸爱情的长度，拓宽爱情的深度。林溪梦一直这样坚信。她希望两人能在一种稳定的关系下各自拥有相对独立的空间，才能够让爱情保鲜。

下 篇

　　她起身趿着拖鞋走到窗口,希望这时能看见白天明开着车过来。可是窗外只是一片愈加迷蒙的夜色。

　　突然,一阵清脆的门铃声响起,林溪梦的心被扰得扑扑乱跳。相识五六个月,他一直都给自己心跳的感觉。正准备去开门,她忽然想起什么,走到镜前拢了拢头发,拿起唇彩在嘴唇上仔细地抹了抹。对着镜子左右看了看,又拿起粉扑涂抹了一遍。

　　门铃再次响起。林溪梦赶过来开门,白天明微笑着站在门口。待白天明进屋刚关上门的瞬间,林溪梦迫不及待地抱住了他,在他唇上轻吻了一下。

　　在遇见白天明之前,林溪梦曾有两次难忘的恋情。

　　第一场恋情持续了近两年。二十七岁那年,林溪梦遇见了一位兴趣爱好都比较类似的人。他的举止温文尔雅,且像尊重女神一样尊重着林溪梦,交往一年多都未越雷池半步。

　　林溪梦在三十二岁那年遇到了一位具有艺术家特质的男子,他的身上散发着一种天然的浪漫主义气息。林溪梦对他的感情,与其说是爱,倒不如说是被自己不可遏制的激情所

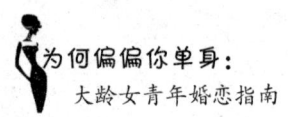

支配。可是在他们交往快两年的时候,她发现他心里有了别人,直到感受到了彼此的疏离,她才不得不结束了这段恋情。

相比两位前男友,林溪梦固执地认为白天明是最好的。尽管她明白与他相处不过才半年,得出这样的结论有点为时过早。在林溪梦眼里,白天明最大的缺点或许是他离过婚,还有一个七岁的孩子,不过孩子目前跟着母亲生活,白天明每周末要花一天时间用来陪孩子。林溪梦是个通情达理的人,白天明要陪孩子,说明他心里有爱,否则会觉得他并不可靠。

但,生活充满了变数,和可靠的人在一起也不一定能走到最后。林溪梦和白天明暂时都不会考虑结婚。对林溪梦而言,年龄越大,对待婚姻就会越慎重。她奢侈地希望未来一段时间内白天明还会在每个周末如期到来,不久后,结婚或许就是水到渠成的事情。

脱单攻略：

　　单身女性年龄越大，对于婚姻大事往往变得越慎重。但过犹不及，事情都存在正反两面。过分慎重不小心就会变成优柔寡断，许多女性常常就在犹豫不决里将自己落了单。

　　爱情之间的"距离美"若没有婚姻的维系，把持不好就可能将距离越拉越大。而其实如果有心，婚姻里的两人同样可以营造出"距离美"，彼此同样可以拥有独立的人格和空间。

为何偏偏你单身:
大龄女青年婚恋指南

长得不好看就不配有爱情吗？

邱冬梅从小就面相成熟，相比之下，比邱冬梅大三岁的姐姐邱春梅却是位天仙一样的美人：身材高挑，皮肤白皙，天庭饱满，面颊丰满……邱冬梅甚至怀疑自己的出生是否就是为了给美丽的姐姐做陪衬。小时候因为没有姐姐漂亮，每逢家里有亲戚朋友来，总是喜欢逗漂亮的姐姐玩，她偶尔被人提及，也是拿来和姐姐做比照。

若不是姐姐的美貌，也许邱冬梅也不会过分留意自己外

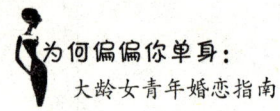
为何偏偏你单身：
大龄女青年婚恋指南

表的妍媸。

而在邱冬梅一路过来的青春路途里，似乎没有谁真正关注过她的想法、她的感受。作为一个身材相貌资质平平的女孩，似乎生来就得接受命运加给她的不公。也许是潜意识里一直暗自抗拒着这种不公，邱冬梅从小自卑自怜的性情隐藏着不肯屈就的敏感、倔强与自尊。

"哪个少年不钟情，哪个少女不怀春。"人的生理和心理发展到一定的阶段，不可避免地会产生一种对异性渴慕的欲望。

向往爱情是每个人的权利，与人外在的美丑妍媸无关。随着年岁的增长，邱冬梅对于爱情的向往之心也越来越强烈。

早在学生时代，邱冬梅就曾偷偷喜欢过班上的一名男同学，他是纪律委员。她悄悄地关注他的一言一行，在和纪律委员擦肩而过时，她总是满面通红，心扑通直跳。

有一次下课回家途中，她正巧走在那男生的后面，无意中听见他和班上其他两名男生议论女同学。他们谈论女生谁谁成绩好，谁谁漂亮，然后她忽然听见那位纪律委员提到了

下 篇

自己的名字。

她竖着耳朵仔细听,听到他用嘲笑的口吻说:"她成绩一般,人也实在长得不怎么样。你们说有哪个男的会喜欢她?"旁边的同学哈哈大笑。邱冬梅听完只感觉有股热血直往上涌,那一刻,羞辱占据了全身,她无声的暗恋也在那个傍晚销匿于心底。

长大后邱冬梅又暗自喜欢上了邻居家的章武哥。

章武哥其实并无特别之处,只是每次在楼道见面,都会对她点头微笑,并且问候一声"上班去啊"之类的话。邱冬梅当然没有勇气向章武哥表白,在二十七岁那年,她落寞地看着章武哥热热闹闹地迎娶了对面楼里的新娘。

姐姐出嫁后,邱冬梅感觉父母对自己似乎空前地关心起来,当然更多的只是关心她的婚事。邱冬梅觉得他们那么上心不过是担心自己嫁不出去,故而常与父母唱反调。

姐姐出嫁那年,邱冬梅的母亲托一位邻居给她介绍了位小伙儿。见面后感觉对方挺不错,可对方只和自己聊了五六分钟时间,便礼貌告辞了。尽管结果是在邱冬梅的预料之

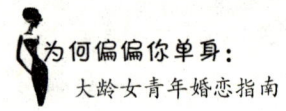

中,但仍觉得相当受打击。

之后,她一度拒绝父母介绍对象。

这之后的许多年,邱冬梅的感情世界一直空白,相亲机会不断,但最终无果。

邱冬梅三十四岁那年,父母再次让她去相亲。对方是位离异的、还带个孩子的男人。之前男方已看过她的照片,也了解她的情况,希望跟她见一面。双方见过后,男方表现得还算热情,不仅主动找话题聊天,而且主动请她吃午饭,并约定下次见面时间。邱冬梅也觉得对方不错,打算抱着试试看的态度相处一段时间。可是有一次,他们在闲聊时,他忽然说出这样的话:"说实话,我这人挺传统的,处女情结比较重……"

邱冬梅听着便愣住了,她恍然明白,原来对方看重自己的并不是她这个人。那一刻,她感觉自尊碎了一地。

那是邱冬梅三十七岁以前的最后一场恋爱,也可以说是唯一一场恋爱。当然,你也可以认为那样短暂的交往根本不叫恋爱。邱冬梅已心灰意冷,誓不嫁人。

下 篇

偶尔她会想起古时那个"举案齐眉"的故事,只是这世上,哪会再有品德高尚如梁鸿的奇男子,又哪会再有幸运如孟光般的丑女子,彼此能拥有举案齐眉那般美好的姻缘?

脱单攻略：

上帝向你关闭一道门的同时，一定在别的地方为你开了一扇窗。只是这扇窗开在哪里，需要我们用心去探索。天生长相不佳所带来的缺憾已无法弥补，再纠结也于事无补，努力提升自己的内在和涵养才更容易给自己加分。

此外，何为配，何为不配？我想说，配也好，不配也罢，爱情和婚姻都是需要经营的。也许两个容貌散发光环的人容易相遇，容易走在一起，但是不代表他们会走得长久。长相普通的人，同样配有最好的爱情和婚姻。

为何偏偏你单身：

大龄女青年婚恋指南

给对方一个底线，给自己一个上限

她认识他的那年，她二十九岁，他二十四岁。她是个城里女孩，他的老家则在农村。她的秀气，他的帅气，让他俩冲破年龄冲破身份而一见钟情。那个时候，她觉得光阴还很长，自己还年轻，而他还太小，她有充足的耐心等他慢慢长大。

在这个姐弟恋的感情里，徐克庭可以永远保持着大男孩的天真，而丁美娟则永远像个姐姐似的呵护着他，呵护着他们之间那段像风筝在空中摇曳的恋情。

下 篇

他信誓旦旦地对她说，给他三年时间，一定风风光光地把她娶回家——他说这话的时候是在他们认识的第二年。他二十五岁，走向社会不满两年；她三十岁，参加工作已六年。她娇嗔地说，只要他肯娶她，莫说是等三年，再等他四年、五年又何妨？重要的是他们如此地相识相知相爱，结婚难道不是水到渠成的事情吗？

如果有一种语言是介于真话与谎话之间，那么一定是恋人之间许下的誓言。

当初他说给他三年时间，答应会把她风风光光娶回家的那一时刻，肯定是没有撒谎的。只是谁也预估不了生命中的变数，多少誓言终究从真话慢慢过渡成了谎言。三年的时光就像从地上抓起一把沙子然后把它扬出去那般短暂。

三年后的徐克庭二十八岁，丁美娟已三十三岁了。可是徐克庭说自己依然不具备迎娶丁美娟的能力。没车，没房，三年间工作换了很多次，目前总算有了份待遇还不错的工作。丁美娟在一家事业单位，薪水不是很多，却也逐年上涨。人漂亮，性格好，工作稳定，收入不错，要不是人们早

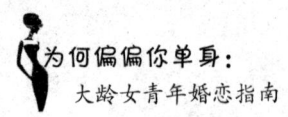
为何偏偏你单身：
大龄女青年婚恋指南

听说丁美娟已有男朋友，为她说媒的人肯定会踏破门槛。

在充满变数的命运里，他们的爱情一如既往。丁美娟不是说过再等他四年、五年也无妨吗？所以彼此之间绝对信任，，没有二心。丁美娟愿意等他，其实是她并不在乎徐克庭是否有车有房。可是徐克庭在乎，他在乎一次风风光光的婚礼，在乎自己大男人的面子。二十八岁的徐克庭在他父母眼里仍是个刚涉世没几年的孩子，而三十多岁的丁美娟在父母眼里已是个难嫁的姑娘了。丁美娟的父母之前只是听说女儿在恋爱，但三年里从未见她带男朋友回家。

并非丁美娟不愿意带徐克庭回家，而是徐克庭总是找各种理由推脱：没事业，没金钱，没地位。争强好胜的他怕丁美娟的父母盘问他，看不起他从而阻挠他与丁美娟的交往。丁美娟体谅他，事事迁就着这个小自己五岁的男生。可是丁美娟的父母等不及了，也不再肯纵容丁美娟为那个未曾谋面的男人护短了，说什么也要让徐克庭来一趟。

终于，徐克庭穿着笔挺的西装，提了些礼物来见丁美娟的父母。

礼物是徐克庭自己花钱买的,身上的衣服却是丁美娟花了自己大半个月的工资帮他买的。一表人才的徐克庭彬彬有礼地出现在丁美娟父母面前,他们对他的第一印象还是不错,可是当丁美娟的父母询问起徐克庭的经济状况时,心虚的徐克庭开始支支吾吾,她的父母便什么都明白了。

自尊心受挫的徐克庭不记得自己是怎么离开丁美娟家的。事后丁美娟跟父母大吵了一架。其实父母并非完全不同意他们来往,只是他们给徐克庭下了通牒:再给一年期限,他必须把婚房钥匙交到女儿丁美娟手里。

丁美娟赶去徐克庭那两间狭窄阴暗的出租房,看见他垂头丧气地坐在床沿上。丁美娟想搬过来和徐克庭一起住,其实这个想法之前丁美娟就跟徐克庭提过好几回,但徐克庭不愿委屈她跟自己住在这样的出租房里。为了能给丁美娟父母一个交代,为了赚足够的薪水,徐克庭准备离开这座城去外省跑业务。虽然丁美娟万分不舍,但她能做的也只有默默支持。

徐克庭走后,丁美娟发现自己怀孕了。她不敢告诉父

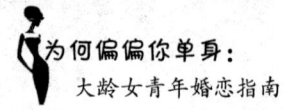

母,只好打电话告诉徐克庭。徐克庭在电话那边犹豫了一会儿,然后用一种无可奈何的语气劝她去做人流。

她无奈之下请了病假,在闺蜜的陪同下去了医院,那个时刻她多么希望徐克庭能够陪在身边。其实徐克庭也答应会尽量赶回来,可是当丁美娟撑着虚弱的身体到家之后,徐克庭的电话才打过来,他仍是以一种无奈的语气说业务太忙,实在抽不了身。

丁美娟怎会不体谅他?徐克庭这么做不也是为着有朝一日能体体面面地迎娶自己吗?她调养好了身心,一边盼着徐克庭回到自己身边,一边偷偷地帮徐克庭攒钱。

为解相思之苦,徐克庭有时也会回来一趟。徐克庭在外地的业务做得倒是顺风顺水,他告诉丁美娟他已攒够了房子的首付。

在她三十三岁生日那天,徐克庭回来了。这次丁美娟的父母接纳了他,打算等过段时间为他们操办婚事。

爱人的直觉总是如鹰的目光一样锐利。在她的生日宴席上,丁美娟敏感地察觉到徐克庭似乎刻意隐藏着某种焦躁和

下 篇

心不在焉。当父母说同意他们结婚时,他并不是特别开心的样子。次日,徐克庭找到丁美娟,很抱歉地告诉她,他暂时还不能跟她结婚。

丁美娟问为什么,只是因为钱吗?

徐克庭说,他现在正处在事业的上升期,外面的竞争这么激烈,暂时不想受到婚姻的牵绊。看着丁美娟一脸失落的样子,徐克庭又补充说,他这么做也是为了两人好,没有强大的物质基础,拿什么来养家?他只是不想看着她为他受苦。

丁美娟啜泣着问他是不是不爱自己了,徐克庭矢口否认。丁美娟说,难道这样两地相思就不苦了吗?徐克庭思忖良久,说,如果她愿意,就再等他半年。

等吧。丁美娟无奈地想,这么多年都等过来了,只要徐克庭爱自己,还在乎这半年吗?于是又是近半年的煎熬。期间徐克庭也会时常来看丁美娟,给她带她喜欢吃的小点心或买件漂亮的衣裙。可丁美娟想要的是婚姻,她又一次小心翼翼地提及他们的婚事。徐克庭在电话里沉默良久,回答道,我们这样不是很好吗?为什么要拘泥于一纸婚姻?

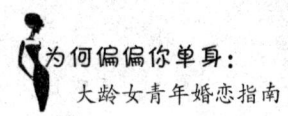
为何偏偏你单身：
大龄女青年婚恋指南

丁美娟在电话那头沉默了一会儿，问他是不是不想和她结婚了？

徐克庭又沉默良久，说，要么你就别等我了，要么你就再给我两年时间。我们结婚了也是要两地分居，跟现在状况没多大区别啊。结婚不是儿戏，还要惊动很多亲戚朋友，我工作很忙，现在没时间打理这些事。

为什么啊？丁美娟几乎失控地喊了起来。

丁美娟想说，你没时间打理，我来打理。可话到嘴边又咽回去了。

等吧，就再等两年吧。她想他现在依然是个没长大的孩子，还是想让自己多自由一段时间。她努力调整心态，以期产生与他相同的共识：何必拘泥于一纸婚姻，他们之间的爱一定需要结婚证来验证吗？

可她没法说服自己的心，她这样等待像一个深不可测的无底洞。她的思念像一块陨石向洞底不停地坠落，坠落。

又熬了一年多，她偷偷去了他所在的城市，探听到他与另外一名女子暧昧的消息。知道这些事情后，她犹如五雷轰

下 篇

顶,一路跌跌撞撞奔回自己家。

这时她才想起他之前让自己等他都是托词,此后,她拒接他的任何电话,心灰意冷,誓不嫁人。

时间飞逝,转眼她已走过了生命里的第三个本命年。她偶尔暗自偷偷留意他的消息,发现他居然也一直未婚,只是这些年他的感情世界里已走过很多女孩子。

在她三十九岁的那年,他又跑来找她,说他一直都爱着她,只要她愿意,就可以立马娶她。

她听那些话的时候,感觉自己的心被某些东西触痛了,她意识到自己一直还爱着他。他三十四岁了,一定是在外漂泊得累了,不过是想给自己找个归宿,而她是最好的港湾。

尽管一时的自尊心让她咬着牙说"不",但她内心却犹豫不决。她不知道,自己是否真的需要这样一场迟到多年的婚姻。

脱单攻略：

有句很流行的话：一切不以结婚为目的的恋爱都是耍流氓。一个男人口口声声说爱你，却用各种冠冕堂皇或莫名其妙的理由不肯与你结婚，纵使爱情多美好，也让人心生疑窦。

尽管感情世界不追求平等，但总会有一方付出得更多些，一味地迁就与退让，到最后只能让对方对这份感情变得不再那么珍惜。请给对方一个底线，也给自己一个上限。

为何偏偏你单身：
大龄女青年婚恋指南

不见面的网恋靠谱吗?

"通知各位,以后上班期间不许在电脑上挂QQ和微信。违者罚款50元。"新官上任三把火,没想到新来的王经理一到公司就宣布了这样一条规定。

那份通知还以书面的方式张贴在员工每天必经的办公室门口。

娜娜生怕哪天被一脸严肃的王经理抓个正着,赶紧动手退出了电脑右下角的两个图标。她在心里暗恨着这名新来的

下 篇

经理。午餐时,娜娜和女同事在楼下员工食堂一起讨论这个事情。

"就算偶尔无事闲聊又怎么了?他分配给大家的任务,说要当天完成,谁敢拖到明天?"娜娜有点愤愤不平地说。

"反正我挂不挂都无所谓,我也没什么网友闲聊的。"一位同事笑道,"哪像我们娜娜美女,另一半远在天涯海角,唯有网聊何以解相思之苦啊!"

娜娜佯装瞪了同事一眼,心里却漾着莫名的快乐。几位同事兼好友都知道,三十一岁的娜娜已经网恋好几年了。

这一整天都过得好没劲。

下班后娜娜就往她和朋友丽丽合租的住所飞奔。娜娜是个地道的宅女,不喜欢逛街,也极少参加户外运动,回到住所的第一件事就是打开电脑聊视频——这是娜娜多年来养成的习惯,但今天的她心情显然比以往更迫切。QQ里顿时跳出她那远在天涯海角的"另一半"胡峰发过的十多条信息。

"老婆,你怎么不说话了?"

"我刚才说错什么了?为什么不理我?"

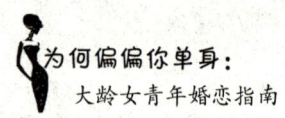

为何偏偏你单身：
大龄女青年婚恋指南

"老婆，你倒是说话呀！我说错什么了你告诉我，我收回不行吗？"

……

娜娜笑得前仰后合，旋即回复道："老公，我生你什么气啊？你多心了吧？记得前两天我跟你说单位来了位新经理吗？他可真变态，不许我们工作时间挂QQ和微信，违者罚款50元。这不刚下班我就打开电脑，这才看见你的留言。"

"还去不去吃晚饭了？"丽丽催促道。

娜娜刚想起身离开电脑，可胡峰的头像又闪了起来并发来问候。娜娜像以往一样央求丽丽道："好妹妹，你帮我带一份吧，我老公出来了。"

丽丽嗔道："你呀，老公老婆的叫得那么亲热，都从来没有见过面，谁晓得对面是人是妖！"

沉浸在爱情里的娜娜对丽丽的指责宽容地笑了笑。

娜娜认为自己和胡峰其实是经常见面的，只不过是视频见面而已，而且两人目前的感情非常好。有一次胡峰亲自制作了一个电子"结婚证"给娜娜。"结婚证"的外观跟正式结婚证没什么不同,上面贴有两人拼接的合影,并写有两人的姓名。

有朋友认为娜娜太过于沉迷网恋,但娜娜不这么认为,她觉得自己只不过是一个追求柏拉图式爱情的女子。她追求的是一种纯粹的、简单的、脱离色欲的爱情。

之前娜娜也有过几次真实的恋爱,只是一次次地投入真情,又一次次地因这样那样的缘由而告吹。直到二十八岁那年,娜娜在网络上遇到胡峰,才让自己的心安定下来。当然,娜娜也并非是那么容易轻信的女子,她觉得自己大多时候还是比较谨慎的。她善于从屏幕话语中捕捉细节,从而更多地了解对方。

娜娜对这份感情是动真格的了。她并不觉得网络全都是虚幻的,只是两人通过网络这种特殊的媒介认识并相处而已。

和娜娜同租一室的丽丽只知道娜娜在网恋,但对于具体细节是不知情的。在娜娜三十三岁那年,找了男友的丽丽搬走了,娜娜觉得自己和胡峰也该考虑两人的终身大事了。

听完娜娜假装不经意提出的要求,胡峰都巧妙地回旋过

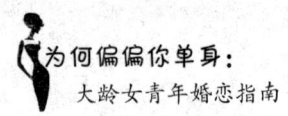

去，不久后终于失去了耐心，在屏幕上留下一句让娜娜愣了半响的话："娜娜，你没开玩笑吧？我们一直保持这样的网恋关系不是挺好的吗？"

"你以为我在开玩笑？你不是告诉过我你在那边没有女朋友的吗？"娜娜迷惑不解。

"认识你的时候是没有，可我现在有了啊。"

"你怎么没告诉我？"

"你没问我干吗告诉你让你吃醋啊？再说我也不能肯定你在现实中就真没有男朋友啊。"

娜娜没敢再追问下去，那一刻她才感觉网络是多么虚幻。经历了一整月的吃不下饭、睡不好觉之后，娜娜终于狠下心把胡峰拉入了黑名单。

脱单攻略：

　　一厢情愿地相信网络，想象与现实不分，最终得到的会是隐瞒与欺骗。这种遭遇其实不能完全归咎于网络，也许该归咎于这位心理上太过幼稚的巨婴。

　　网络原本只是个社交平台，并非没有真情，也并非全是虚假欺骗，只是普通人很难全方面地辨别网络社交相处的真假，很难解决好网络因距离而带来的难题。也许，经历了锥心的疼痛，思想才能真正成熟。

为何偏偏你单身:
大龄女青年婚恋指南

他只是把你当备胎

晚上十点半,林芝刚忙完手头的事,准备洗澡休息,忽然手机铃声响了。那是她专为汪洋海设置的来电铃声。汪洋海已经有大半年没打来电话了。

他不打电话,只能说明他的感情之路走得还算顺当。根据以往经验,当他感情顺利的时候,她的存在就是一种多余;当他遭遇感情挫折需要人陪伴、安慰的时候,他就会来找林芝。今天他又来电话了,显然是他的感情又出问题了。

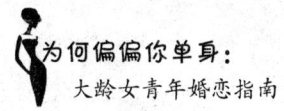
为何偏偏你单身：
大龄女青年婚恋指南

"林芝，你来一下，凯利莱酒店一楼咖啡厅。"她听见手机那头他有点微醺的声音。她在犹豫就这样过去还是冲完澡换件衣服再过去。几秒钟的犹豫之后，她进了浴室。

林芝用最快的速度冲完澡，换上自己最喜欢的淡蓝色连衣裙，简单化妆，就匆匆下楼了。她走到街边拦了好几辆出租车，可是这么晚了，司机都赶着下班回家，根本不停车。林芝的心里不由地着急起来。

好容易有辆出租车停下了，还没等她来得及上车，电话又响了起来。"喂，你不用过来了，我已经离开咖啡厅了。"

不容她说一句"我都已经动身了"，那边就"嘟"地一声挂了。

林芝怔了一下，直到司机问她还需不需要上车时，她才无力地朝司机摆了摆手。她忘了自己刚才是怎样兴冲冲地下楼的，这会儿她竟感觉自己的脚步有点沉重。一阵风吹过来，身上还有点微凉。

她心想，这是怎么了？搞得好像自己失恋了一样。倘若真是她与他失恋了，事情就简单了。可事实上，他从来就没

下 篇

有爱过她，他俩从来就没有恋爱过。没有开始，又如何意味着结束呢？是的，他不爱她，但并不意味着她也能那么坚决地做到不爱他。十多年了，从二十五岁那年她爱上他的那天起，到现在三十七岁她仍死心塌地地爱着他；她从一位刚涉世不久的年轻姑娘，变成了一位步入中年的大龄熟女。

可是，林芝不愿承认自己的感情是被他加以利用的，不愿意承认自己只是他的备胎。

这十多年里，他每次都是在他遇到挫折的时候才想起她，然后对她招之即来挥之即去。只需一个电话，无论他在哪里、她在哪里，无论晴朗的白天还是荫翳的夜晚，无论她是闲还是忙，只要他需要，她一定随叫随到，永不爽约。

每次她来到他身边，总是耐心地听他喋喋不休的吐槽和抱怨。他伤心时，她也揪心得很。十多年里，他的爱情经历了一场又一场，他身边的女人像走马灯一样换了一个又一个。他的爱情总是轰轰烈烈，动地惊天。但，都与她无关。

而事实上，她是见过他多任女友的，有的的确惊艳，有的的确温柔，但也有几位从外表到性情都远不如她。

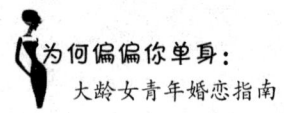
为何偏偏你单身：
大龄女青年婚恋指南

她不明白自己为何为了这个不知迷途的男人耗到快奔四了还未嫁人，也不明白为什么他明明知道她爱他却总是不能接受她。

这次，即使有大半年没见他了，但她仍待在他不远的地方卑微地等着他，等着他的呼唤。在他面前，她永远屈就自己，永远低贱自己。

她走进小区，似乎用了很长时间才走进家门，瘫倒在床上。她记起半年多前，有一次也是这样的夜晚，他打来电话叫她过去，她激动地匆匆赶去，却发现他醉得一塌糊涂。

她坐在他身边，听他喃喃地陈述着他的痛苦。她几乎贴在他的耳边，温柔地告诉他，其他人走了，还有她在，只要他需要，她会一直在，这么多年她一直在等他。他抱住她痛哭流涕，他甚至开始亲吻她，可是她分明听见他的嘴里喊着另一个女人的名字。

恍然间他醒悟过来，对她呵斥道："你怎么来了？你走呀！你跑来这里干什么？"她被他招之即来，又连夜被他从家里挥之即去。次日酒醒，他打电话向她赔礼道歉，而她又

下 篇

不可救药地原谅了他。

她想,既然他还没有结婚,

既然他还愿意像个浪子一样周旋在浪漫爱情之中,为什么就不能再耐心等等他?

不久后,他又打电话来,叫她中午时分到凯利莱酒店。她赶到时,远远望见酒店正在举办一场婚礼,门口新郎新娘正迎候着亲朋好友的到来。走近时,她几乎不敢相信自己的眼睛,竟然是他,他结婚了!

原来大半年未遇,他对她十多年的付出,终于给出了明确的答复。

她强忍着内心的酸楚向他微笑着道贺。

他握住她的手,微笑着说:"你年纪也不小了,该成个家了!"

她再也控制不住自己的情绪,任凭泪水哗哗地滚落。她偷偷转身离开时,听见他向他的新婚妻子解释说:"瞧我这朋友,看到我结婚都激动成这样!"

她跑到无人的地方大哭了一场,心里满是怨恨,可是再

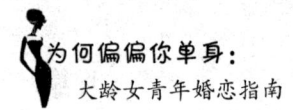

想想,他也有选择别人而不选择她的权利。她总有理由一次次地为他辩解。而如今,她也终于为自己这十多年的苦恋找到了解脱。

脱单攻略：

　　文中令女主人公倾慕的男子只是把她当备胎而已，在他感情不顺利的时候利用她，即便如此不尊重，也没有引起她的反省与反抗，使得女主人公十多年来深陷在一场无望的感情里无法自拔，甚而耽误了自己的青春和该有的爱情。实在是太可惜又太可悲了！

　　在现实中，"被备胎"貌似是常会出现的情况。生活中大多数人幻想备胎会转正，而根据权威数据调查，大多数"被备胎"者最终都不会获得成功。"被备胎"是一个人的灾难，不仅阻碍他去谈一场真正的恋爱，而且还极有可能影响他的心理状况和事业发展，所以生活中一旦发现你是"被备胎"者，不要抱有任何幻想和犹豫，立马远离，去寻找真正的、彼此尊重的爱情。

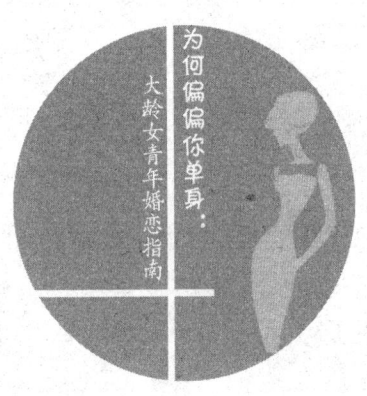

为何偏偏你单身：大龄女青年婚恋指南

婚姻大事,拖延不起

林晓筠的父母都是地地道道的农民,林晓筠出生时母亲已迈进了四十岁的门槛,而那时大哥都开始处对象了。林晓筠的哥哥姐姐都像年轻时的父母,身材比较高大;可轮到这个老幺,生下来却像营养不良似的,到八九岁了个头却只有五六岁的孩子那般大。也许因为个头瘦小的缘故,林晓筠直到九岁才开始上小学。

十八岁那年林晓筠去了县城读高中。林晓筠父母年事渐

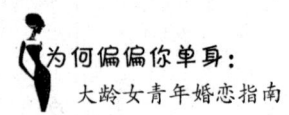

高,她读高中的学费是已成家的哥哥姐姐共同资助的。也许因为经济带来的压力,林晓筠整个高中生活都是在埋头苦读中度过的。除了吃饭、如厕和睡觉,其他时候几乎都是捧着书本埋头默读,要么就是用笔在稿纸上写写算算。她甚至把每天的课间休息、午休和周末用于玩耍的时间都用在了书本上。可苦读并没有给她带来成功的喜悦。第一年高考她被刷了下来。此后林晓筠接连复读了两年高三,参加了三场高考。

在她二十三岁那年,林晓筠终于被一所大专院校录取。

刚入大学的林晓筠像换了个人。也许是之前多年的苦读太累了,她再也不肯天天捧着书本苦读了。

林晓筠开始疯玩,她要把多年苦读的压抑找补回来。她几乎每晚疯玩到校门快关闭时才拖着一身的疲倦和兴奋回到宿舍。

学校的图书馆一个学期她总共才去了两次。

大一下学期的时候,她和一个其貌不扬的大三男生谈起了恋爱——这是林晓筠至今为止唯一一次正经的恋爱。为了那样一个各方面都平庸的男生,她在把自己的身心降低到泥土里，可最终还是因性格不合分手了。学期结束时，林晓筠挂了三科。

她再也不疯玩到半夜再回学校了，周末的大部分时间都在图书馆里度过。林晓筠的勤奋没白费，在大二下学期的时候，不但科目考试全部通过，还拿到了奖学金。

论起年龄林晓筠在同学当中要算大姐大了，林晓筠大学毕业的那年已经二十六岁了。

毕业后她像其他同学一样四处找工作，当时找工作并不难，但是能让自己满意的工作却很少。

那时国家已不包分配，没有门路，事业单位就不奢望了，好一点的企业单位里的好岗位都有人占据着。刚走向社会的林晓筠有些心浮气躁，工作两年多的时间里，她频繁地跳槽，身在曹营心在汉，刚到一个单位没多久就有诸多的不满意，然后又急着寻找下一家单位。

林晓筠也因为频繁地跳槽折腾得满心疲惫。她开始静下心来反思，思来想去，觉得自己还是学历低了，于是她准备通过自考方式拿本科文凭。这种自考文凭学习时间可自由掌

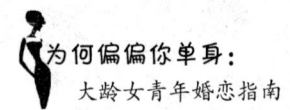
为何偏偏你单身：
大龄女青年婚恋指南

握，花费较少，而且文凭较硬。因为有了拿下文科文凭的目标做精神支撑，林晓筠安下心在一家小公司做普通职员。她的闲暇时间交给了书本，在阅读与背诵中渐渐感到了生活的忙碌和充实。

二十九岁那年的春天，林晓筠第一次参加全国自考。步入人头攒动的考生群中，她发现很多自考生其实都是来自高校的学生，原来那些专科生在学校就已经开始起步了。她骤然里感觉到一种无形的压力，然而这种压力在进入考场后瞬间转化为了动力。

林晓筠第一次自考就报了四科，每科考试的地点都不同，上午的考试刚结束，林晓筠就忙着奔赴下一个考点。第一次自考，四科她通过了三科。下半年十月份的自考，林晓筠报考了三门课程且全部通过，这让林晓筠的内心备受鼓舞。

然而那年年底，林晓筠七十多岁的老父突发脑溢血住进了医院，并于次年三月去世。林晓筠老父生前最牵挂的就是她这个三十来岁还未成家的小女儿。这让林晓筠悲痛不已，她痛恨自己人生起步太晚，父亲又走得太快。

林晓筠暂时不会考虑婚姻的事,她想通过辛勤的努力让自己与社会的差距缩小一些。

林晓筠只用了三年半的时间就通过了市场营销本科的十几门课程,在她三十三岁那年,她终于领到了一张盖有当地高校印章的本科文凭。

林晓筠的工作也渐渐得心应手,后来领导让她做单位的出纳。为了使工作更有起色,林晓筠又读起与财务相关的书本,并在次年拿下了会计证;同时,为了巩固自己所学营销专业知识,她又报名参加考试拿了个国家职业资格四级高级营销员证书,并于两年后取得国家职业资格三级助理营销师资格。三十六岁那年,林晓筠准备报考驾照。尽管她也不知道何时能真正开上车。

"这年头,多一个证总比少一个证好。"林晓筠经常这么对同事说。

"你呀,什么证都齐了,只差结婚证了!"同事调侃道。

林晓筠计划拿到驾驶证后,再去考个可以挂靠的注册会计师,她好像对拿各种证书上了瘾,却极少思考个人问

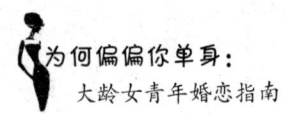
为何偏偏你单身：
大龄女青年婚恋指南

题。面对哥哥姐姐和七十岁老母的担心与责怪，她总是以各种理由敷衍。

在她三十四岁那年，单位里有一位与她年龄相仿的单身男性想追求她，便约她出来一起吃饭，林晓筠答应了。

两人来到酒店后，她四周看了看，惊讶地说："怎么，你只请了我一人？"

那男生含蓄地表达了请她来的缘由，她脸上的表情不是想接受的羞涩，也不是想要拒绝时的反感，而是深感迷惑地看了那男生一眼，心不在焉地"哦"了一声。男生以为她同意了，便不停地给她夹菜，并委婉地劝她平常不要太用功了，像个长不大的学生似的。林晓筠愣愣地听着，仿佛对面这个人就是回家后不停唠叨的哥哥，于是没好气地说："哎呀，你管好自己的事就行了，我的终身大事自己会考虑！"——男生说的话到一半卡了壳。两人之后便再没了下文。

林晓筠三十七岁那年领到了驾驶证，可就在同年，她的母亲病逝，林晓筠哭得死去活来。林晓筠的父亲和母亲最牵

下 篇

挂的就是这个未成家的老幺,临终念叨的话也是说给老幺的。

母亲安葬后不久,对林晓筠满腹意见的姐姐狠狠训斥了她一番:"你说你一个堂堂大学生,有工作有文凭,快四十岁了连对象也没有,还让一家人为你记挂,你真的太不懂事了!"

母亲的去世,亲人的责骂,让林晓筠忽然开始重新审视自己走过的这些年,这些为各种证件奔波的生活。——那些锁在某个租屋抽屉里花花绿绿的小本子,对自己有意义吗?难道生活需要用这些东西来点缀吗?

脱单攻略：

　　这是一个用各种证书来证明自己所谓的人生价值的人，但无论生活怎样开展，婚姻的门槛终是大部分普通女子人生必须迈进的一步。与其拖延观望，不如早点着手准备。

为何偏偏你单身：大龄女青年婚恋指南

财富是检验爱情的试金石吗?

中国有句老话"山沟里飞出了金凤凰",这也是网络热门用语"凤凰女"一词的由来。凤凰女,顾名思义,是指那些出身贫寒,几经辛苦考上大学,毕业后留在城市工作生活的优秀女人。虽然她们离开了农村生活环境,但是仍然保留许多农村的朴素观念和传统思想。

丁香雪,就是这么一名地地道道的凤凰女。

她的老家位于南方某省城几百公里外的一个偏远小山

村。那里几乎每年都发生较为严重的旱涝。梅雨季节时的雨连绵不断,几乎让人忘记天上的太阳;夏季时土地干裂,到处是硬邦邦的土块。丁香雪就是在这种穷乡僻壤的环境里出生和成长的。

打她记事开始,一家老小似乎一直在艰难困窘中度过。都道是"贫困的孩子早当家",这话没错。丁香雪是家里的长女,从小就独立自强。不但要经常帮父母下地干活儿,还要在家照看两个弟弟。让家人引以为豪的是,她对学业一直很努力,每次考试都名列前茅。

十八岁那年,丁香雪不负众望,考上了本省一所重点大学,此时,她已经是一位出落得亭亭玉立的漂亮姑娘。可是,只有丁香雪自己明白,考上大学有多不容易。因为家里拿不出学费,丁香雪几度面临辍学。好在每次在困难面前,父母都给予她最大的支持。

为了凑费用,家里债台高筑,所以在学习上,丁香雪丝毫不敢怠慢。

为了争取奖学金,更为了将来毕业后能有份理想的工

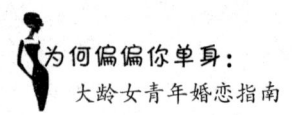
为何偏偏你单身：
大龄女青年婚恋指南

作，四年的大学生涯里，她仍旧保持着中学时的刻苦努力，并想方设法兼职打工。

丁香雪出落得越来越漂亮，大学校园里追求她的男生不乏其人，但是她只是心里默默地喜欢一个人，那是在她大二下学期时认识的一名学长。

他叫周维康，比高她一届，一个身材魁梧的北方小伙儿，长得帅气，待人也热情大方。周维康在图书馆查资料时无意中撞见了丁香雪，两人一见钟情，却只是相互暗恋。

他俩真正接触，是学校附近丁香雪打工的一家小餐馆里。一天，周维康来这家餐馆吃晚饭。

"你怎么会在这里？"周维康偶然见到端着餐盘给顾客上菜的丁香雪，显得有些惊讶。他实在是没想到她竟然出自贫困的家庭。

"啊……不……"丁香雪见到周维康的时候一阵紧张，手里端着的托盘差点儿滑落。她不知道该怎样回答他，转身去了后厨。

周维康吃完晚饭，便出去了。

下 篇

等到餐馆关门打烊，丁香雪出来的时候，周维康竟然在外面等着她。丁香雪赶紧低头转身疾走开，周维康追了过来。

"你每天晚上都在这家餐馆帮忙吗？"

丁香雪不说话。

"你这么拼，身体会吃不消的……"

"适当的体力活儿没事，就当锻炼了，生活也要劳逸结合嘛。"丁香雪说。她很快让自己镇定下来。

"那你可以打球啊，跑步啊。在餐馆干活儿太累了，会影响你功课的。"

"对不起，谢谢你的好意。"丁香雪说着，加快脚步甩开了周维康。

周维康能感觉到丁香雪其实是喜欢自己的，但不明白她为什么要摆脱自己。

丁香雪怎敢去喜欢他？她得忙打工、忙学业，将来还要忙赚钱。她这样的家境怎敢奢望去喜欢这么一位优秀的男生？

经过一段时间，周维康偷偷打听到了她的家境，以及她

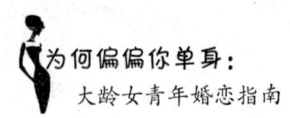
为何偏偏你单身：
大龄女青年婚恋指南

为了凑学费欠了很多债的事情。终于有一晚，周维康面对丁香雪，大声说道："香雪，你的压力太大，让我跟你一起承担好吗？"

丁香雪听后试图走开，却被周维康拦住了。

经过他的一番劝解、安慰和鼓励，丁香雪终于打开了心门，不知不觉扑进他的怀里，痛哭了起来。

从那时起，两人开始了正式交往。

虽然周维康家里也并不是特别富裕，但他为了照顾丁香雪的自尊，并没有直接拿父母的钱去资助她，而是也跟她去了同一家餐馆打工。然而丁香雪已向学校申请了助学贷款。好强的她不愿意接受周维康的资助，只是他在身边，能让她觉得心安。

丁香雪大四时，周维康已经大学毕业。为了跟丁香雪在一起，周维康留在了这座城市。起初的工作并不太满意，工资也不多，但他还是省出一部分钱帮丁香雪还贷。慢慢地，丁香雪终于接受了对方的好意。毕业后，她就搬到了周维康的出租屋里，两人一起留在这座城市打拼。

下 篇

丁香雪从小过惯了艰苦的生活,所以对紧巴巴的生活并不以为然,反而在工作上特别努力,一年后便得到了领导的提拔,薪水也跟着水涨船高,为此她特别开心。

丁香雪利用四年的时间终于还完了助学贷款和欠债,家里还有两个指望她出钱供读大学的弟弟。

四年过去了,丁香雪二十八岁了。

这几年,周维康一直努力地帮丁香雪还款,然而,出自小康家庭的他,不知不觉地对这样捉襟见肘的日子产生了厌倦,加之工作也不是很顺心,他觉得很累,特别的累。

两人在一起四年,却没有半分积蓄,而丁香雪的家里还在不断地等着她的资助。日积月累的疲惫感让周维康对这份感情产生了动摇。这几年里,他们一直在挣钱还债、供弟弟们读书,却永远看不到尽头。

为此,丁香雪的内心也充满了矛盾。她知道自己亏欠周维康太多,可是又不能不管弟弟们,没有更好的办法。

雪上加霜的是丁父的一次重病住院,成了彻底压垮周维康的最后一根稻草。恰巧那时,他父母打来电话让他回老

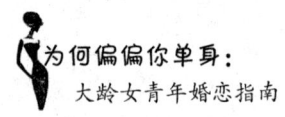
为何偏偏你单身：
大龄女青年婚恋指南

家，并且给他安排了一份薪资优厚的工作。周维康犹豫再三后，去看望了丁香雪的父亲，留下了自己的所有财物，选择了不辞而别。

丁香梅一边忍着失恋的打击，一边照顾住院的父亲。因为需要支付昂贵的医药费，家里又有了新的债务。

她心里并不责怪周维康，从她读大二到现在，周维康对自己已仁至义尽。待父亲康复回老家后，丁香雪把所有的精力都投入到了工作里。

又四年过去了，丁香雪的两个弟弟也开始有所收入，家里所有的欠债都已还清，她也有了一小笔存款。

对周维康仍念念不忘的丁香雪想去找他。如果他还单身，希望他能给自己一个机会；如果他已成家，她想用手头这笔余钱给他作为迟到的贺礼。

她赶去北方他所在的那座城，辗转良久终于打听到他的单位，也见到了他本人。四目相对，唯有嘘唏。

她见到他之时，他刚新婚一个月，刚度完蜜月回来。她把事先装好的一个红包交在他手里，祝贺他新婚快乐，然后

下 篇

转身大步离开。

　　周维康打开红包,里面竟是他当年的一个存折。存折上新存的那笔钱,足够偿还那些年他资助她的所有费用。

　　此后,丁香雪工作上一路坦途,但终身大事却依然毫无进展。她偶尔想,如果自己不是凤凰女,感情之路是否就不用走得如此艰难?

脱单攻略：

  一个从农村走出来的凤凰女，具备很多娇生惯养的城市女生没有的优点：吃苦，耐劳，隐忍。但经济负担往往成了最沉重的现实问题，处理不好，甚至会成为婚姻路途上的牵绊。

  凤凰女们虽然离开了农村的生活环境，但是仍然保留了许多农村的朴素观念和传统思想。当他们选择了身边的城市男人，并和对方恋爱甚至走入婚姻殿堂时，许多观念或生活方式便会出现分歧，甚至冲突。两个成长背景截然不同的人要结合在一起，是多么的不容易！

为何偏偏你单身:
大龄女青年婚恋指南

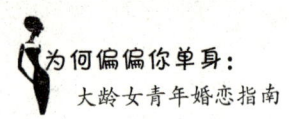

后记

有缘读到此书的单身女性朋友,也许书中的某一个案例恰巧与你相似,恰好能帮助你发现自己大龄未婚的症结所在,但真正打开婚姻这道门的锁钥还是在你手里。

有缘读到此书的单身男性朋友,也希望本书对你有所启示,助你能更深入地了解女性、理解女性,从而更好地关爱女性、呵护女性,最终收获到理想的爱情与婚姻。

总之,助你走出婚恋困境,是这部书的最大意义。

鉴于作者的知识与阅历的局限,书中难免存在偏颇缺漏之处,敬请读者批评指正。